Die Autorin über ihr Buch:

Ziel dieser Arbeit ist es, das umstrittene Thema der Intersubjektivität bei Husserl weiter zu erhellen. Meine Grundthese lautet, daß sich in Husserls Ausführungen zu diesem Thema eine einheitliche transzendentale Theorie bekundet. Zunächst umreiße ich als Probleme den Einwand des Solipsismus sowie die Möglichkeit der konstituierten Objektivität, um sie dann im Lauf der Untersuchung, die dabei auch zu neuesten Forschungsergebnissen Stellung bezieht, einer Lösung zuzuführen. So wie sich Husserl die Phänomenologie vorstellte, wird sie am Ende in eine von der Teleologie und von der Geschichte geprägte Monadologie überführt.
Eine neue Lektüre der „V. Cartesianischen Meditation“, die komplementär die statische mit der genetischen Analyse verbindet, erschließt den transzendentalen wie auch den weltlichen Anderen. Die genetische Analyse enthüllt aber nicht nur den weltlichen Anderen; sie entdeckt auch die Intersubjektivität, wie sie durch Triebintentionalität aufgebaut wird und durch wechselseitige soziale Kommunikation in Erscheinung tritt. Die verschiedenen Schichten lege ich als je eigene Arten des „monadischen Fensters“ aus.

Professor Dr. phil. Julia V. Iribarne, geb. 1929 in Argentinien, lehrt Ethik an der Belgrano-Universität in Buenos Aires. Sie ist hier Senior Researcher am Zentrum für Ethische Forschungen der Universität und an der National-Akademie der Wissenschaften. Arbeitsgebiete: Transzendentale Phänomenologie und Ethik. Buchveröffentlichungen über Kant und Husserl.

Julia V. Iribarne

Husserls Theorie der Intersubjektivität

Alber-*Reihe* Philosophie

Julia V. Iribarne

Husserls Theorie der Intersubjektivität

Aus dem Spanischen übersetzt
von Menno-Arend Herlyn
unter Mitwirkung von Hans Rainer Sepp

Verlag Karl Alber Freiburg / München

Die Deutsche Bibliothek – CIP-Einheitsaufnahme

Iribarne, Julia V.:
Husserls Theorie der Intersubjektivität / Julia V. Iribarne,
Aus dem Span. übers. von Menno-Arend Herlyn unter Mitw.
von Hans Rainer Sepp. – Freiburg (Breisgau); München: Alber,
1994
(Alber-Reihe Philosophie)
ISBN 3-495-47784-5

Gedruckt auf alterungsbeständigem Papier (säurefrei)
Printed on acid-free paper

Satz und Druck: F. X. Stückle, Ettenheim
ISBN 3-495-47784-5

Ich als Seele eines Leibes bin bezogen auf ein seiendes Ding, auf meinen Leib, mit ihm ‚verbunden' seiend lokalisiert im Raum, Glied der Welt, der objektiven Welt. Diese ganze objektive Welt aber ist ‚Phänomen' in der reinen Subjektivität, in meiner und in der Anderer. Das alles ist schwierig und wunderbar und doch verstehbar.

Edmund Husserl, Hua XIII, 463

So führt die Phänomenologie auf die von *Leibniz* in genialem aperçu antizipierte *Monadologie.*

Edmund Husserl, Hua VIII, 190

Inhalt

Vorbemerkung

Husserls leitendes Interesse besteht in der radikalen Begründung von Erkenntnis. Er geht von der Fähigkeit des ‚ich denke' aus, um Vorbedingungen der Erkenntnisleistung auszuweisen. Er intendiert eine transzendentale Auslegung der konstitutiven Tätigkeit des Bewußtseins, indem er Rechenschaft von den Gründen aller Objektivität ablegt. Hätte sich Husserl auf den cartesianischen Weg beschränkt, wäre die Möglichkeit, Objektivität radikal auszuweisen, bedroht, da es dem solus ipse wesentlich unmöglich ist, diese zu begründen. Objektivität bedeutet Universalität, bedeutet Intersubjektivität.

Zu Husserls Bemühungen, Objektivität zu rechtfertigen, liegt eine umfangreiche Literatur vor. Quentin Lauer[1] beispielsweise nennt präzise die Bedingungen, die erfüllt sein müssen, wenn Husserls Denken nicht dem Vorwurf des Solipsismus ausgesetzt sein soll.

Lauer vertritt die These, daß das Problem der Intersubjektivität dann auftritt, wenn man die allgemeingültige Objektivität der Welt aus der Perspektive der phänomenologischen Theorie der Konstitution zu erklären versucht. Man benötige ein ‚universales' Sub-

[1] Q. Lauer, Phenomenology: Its Genesis and Prospect, New York: Harper Torchbooks 1958, 148 f.

jekt, das gemäß der Forderung der transzendentalen Phänomenologie zugleich ein ‚konkretes' Subjekt sein muß. Ein universales konkretes Subjekt könne sich aber nur auf eine konkrete Mannigfaltigkeit von Subjekten beziehen. Deshalb sei es auch nach dem von Husserl erbrachten Aufweis der transzendentalen Subjektivität als einer Manifestation des Eidos ego notwendig, mittels der Konstitutionsanalyse zu zeigen, daß 1) jedes Subjekt selbstkonstituiert sein muß, weil es sonst keinen phänomenologisch aufzuklärenden Sinn besäße; 2) jedes Subjekt als solches in jedem anderen Subjekt konstituiert sein muß, weil andernfalls ein monadologisches Universum bestünde, in dem universale Kommunikation unmöglich wäre; 3) die Konstitution des Anderen seiner Selbstkonstitution entsprechen muß, da ihr sonst keine Gültigkeit zukäme; 4) jedes Subjekt eine Welt der Objektivität konstituiert, die in gewisser Weise mit der durch die anderen Subjekte konstituierten Welt identisch sein muß, da es sonst kein gemeinsames Kommunikationsfeld gäbe; 5) die von jedem Subjekt konstituierte Welt eine Welt sein muß, die jedes einzelne Subjekt sowie die anderen Subjekte in sich schließt, da andernfalls die Einheit der Welt zerstört wäre. 6) Schließlich ist zu berücksichtigen, daß alle diese Bedingungen keine reale Basis hätten, wenn sie nicht vom Standpunkt meines transzendentalen ego aus aufweisbar wären.
Die vorliegende Untersuchung wird zeigen, daß Husserls Analyse der Intersubjektivität die Notwendigkeit dieser Bedingungen rechtfertigt und einen angemessenen Nachweis ihrer Erfüllbarkeit gibt. Husserl ist sich der Bedeutung dieser Problemstellung von

Anfang an bewußt und macht sich dadurch zum Protagonisten eines mitunter schwer nachvollziehbaren Denkweges, der zur Aufklärung der Konstitution der Intersubjektivität führt. Zunehmend sucht der cartesianische Husserl – paradox ausgedrückt – sich dem Gefängnis des ‚ich denke' zu entziehen, ohne dessen Bezirk zu verlassen. Auch wenn Husserl manche Grenzen, von denen er ausgegangen war, hinter sich ließ, so verblieb er doch im transzendentalen Bereich. Alle Gültigkeit muß für Husserl der dem Subjekt immanenten Dynamik der Sinnkonstitution entstammen, aber alle konstituierte Subjektivität muß, damit sie eine solche sein kann, Bestätigung im Anderen finden.

Der Ansatz ist klar, seine Ausarbeitung und die Lösungsfindung jedoch gestalten sich schwierig. Welcher Weg bietet sich angesichts dieser Problemlage an? Wenn das in aufeinanderfolgenden Reduktionen erschlossene transzendentale Bewußtsein, das in immer höheren Abstraktionsebenen durchleuchtete reine Ich, der einzige Bereich radikaler Grundlegung von Erkenntnis ist, dann muß auch der Ort der Gegebenheitsweise des Anderen innerhalb der Grenzen dieses Ich liegen.

Husserls analytischer Denkstil hält ihn von einer systematischen Abzweckung von solcher Art fern, die jedes einzelne Moment der Untersuchung aufgrund seiner Zugehörigkeit zu einem Ganzen diesem einzupassen bestrebt wäre. In der Bearbeitung zergliedern sich Husserls Themen, und es werfen sich stets neue Fragen auf, die nach einer Antwort verlangen. So stellt Husserl die Frage nach dem Anderen ursprünglich auch nicht im Zusammenhang der Suche nach den Bedingungen einer radikalen Begründung von Erkenntnis. Vielmehr drängt sie sich ihm aufgrund einer Vielfalt von Fragen auf, die das philosophische Staunen angesichts der grundlegenden Schwierigkeit hervorrufen, dasjenige in eigene Erfahrung umzusetzen, was ursprünglich fremd ist.

Mitunter zeigen sich in Husserls Analysen die Facetten des Problems nur flüchtig, dann wieder sieht sich der Leser mit Problemen konfrontiert, die miteinander verbunden scheinen, schließlich erzwingt ein einzelner Aspekt ausführliche Analysen. Mancher Gedankengang erscheint in einem neuen Licht, wenn er auf die Frage nach dem Anderen bezogen wird, mag er ursprünglich auch in einem allgemeineren Kontext stehen. Nichts ist vorhersehbar, fast nichts findet einen von vornherein festen Platz. Husserl unterwirft sich dem Problem und deckt dabei immer neue Schwierigkeiten und Ungewißheiten auf. Konstitutive Schichten zeigen sich ihm, an denen er weitere methodische Ausschaltungen übt, und gerade dann, wenn er vor die hermetisch scheinende Festung des reinen Ich gelangt ist, wird die Präsenz des Anderen wiedergewonnen.

Unsere Untersuchung fußt vor allem auf dem Textmaterial, das von Iso Kern in den Bänden XIII, XIV und XV der „Husserliana" („Zur Phänomenologie der Intersubjektivität") ediert wurde. Wer sich mit diesen Texten befassen will, wird mit ihrem besonderen Status konfrontiert, auf den der Herausgeber schon auf den ersten Seiten seiner Einleitung zu Hua XIII hinweist. Kern betont, daß die Veröffentlichung dieser Nachlaßtexte, deren Entstehungszeit sich auf die Jahre 1905 bis 1935 erstreckt, Probleme aufwirft, die sich bei den vorhergehenden Bänden der Husserliana nicht gestellt hatten und die den besonderen Charakter der Manuskripte betreffen. Auch wenn einige davon Vorlagen für gehaltene Vorlesungen waren, handelt es sich doch in der Mehrzahl um nicht für die Veröffentlichung, sondern nur für den Autor selbst bestimmte Aufzeichnungen mit dem Textstatus einer monologischen Meditation. Diese sogenannten „Forschungsmanuskripte“, die den größten Teil von Husserls nachgelassenen Schriften ausmachen, spiegeln Husserls Arbeitsstil wider. Da Husserl seine Gedanken stenografisch notierte, ist auf diese Weise sein im einsamen Dialog mit sich selbst beschrittener Gedankenweg dokumentiert, und die Probleme werden in statu nascendi sichtbar. Es handelt sich dabei um Texte unterschiedlichen Umfangs, manchmal begegnen schlichte Notizen, ein andermal liegen lange Ausarbeitungen eines Themas vor. Normalerweise repräsentiert ein Text einen Arbeitstag, dessen Ergebnisse in drei bis zwölf stenografierten Seiten ihren Niederschlag fanden. Da Husserl unermüdlich Ansätze neu und klarer zu formulieren suchte, finden sich in den Manuskripten häufige Wiederholungen. In der Regel ergeben sie sich aus dem Bestreben nach tieferer Durchdringung eines Themas, entweder um dieses zu bereichern oder um sich der Evidenz des Gedachten zu vergewissern. Husserls wiederholte Behandlungen desselben Themas in verschiedenen Forschungsperioden lassen Unterschiede, Perspektivenwechsel hervortreten, so daß es sich bei dem, was als Wiederholung erscheint, in Wirklichkeit um eine inhaltlich belangvolle Variation handeln mag. Treffend faßt Kern zusammen: „Was Husserl so meditierend schrieb, war weniger das, was er wußte, als vielmehr, was er nicht wußte. Er schrieb nicht, um sich Einsichten und Ideen zu notieren, sondern versuchte, denkend-schreibend Einsichten zu gewinnen."[2]

Husserl erprobt mögliche gedankliche Alternativen, und des öfteren gelangt er weniger zu Resultaten, als daß er vielmehr auf neue Wege kommt, wobei sich einige durchaus als Holzwege herausstellen. Der Genius Husserls zeigt sich in der ihm eigenen Art, Freiheit zu praktizieren, indem er sich keinem Systemzwang unterwirft und sich so dem Problem authentisch stellt, um sich allein von ihm die Wegroute weisen zu lassen. So gehen seine Meditationen von einer Frage aus und mögen sich dann zurückwenden auf deren Voraussetzungen, die selbst wiederum auf tieferliegende Problembereiche verweisen, so daß nahezu ausgeschlossen ist, daß eine Frage eine strikte thematische Eingrenzung mit sich brächte. Es ergeben sich Umwege, Exkurse, Abweichungen, Gegenüberstellungen und Vergleiche, und beim späten Husserl werden immer mehr die Anstrengungen sichtbar, Standpunkte zu finden, die in der Lage sind, verschiedene Probleme zu umfassen.

Husserls Analysen zur Intersubjektivität riefen zahlreiche Kritik hervor, die sich vor allem auf die V. CM bzw. die entsprechenden Ausführungen im zweiten Band der „Ideen" richtete. Ein Großteil der Kritik

[2] I. Kern in seiner Einleitung zu Hua XIII, XIX.

wurde dabei in Unkenntnis der Manuskripte geäußert, die bis dahin noch nicht ediert waren. Erst ab 1973, als die drei von Kern herausgegebenen Bände vorlagen, ergab sich die Möglichkeit, Husserls Position aufgrund eines wesentlich reichhaltigeren Materials zu diskutieren. Nur wenn auch und vor allem die in diesen Bänden veröffentlichten Texte berücksichtigt werden, läuft man nicht Gefahr, von Husserl erreichte Problemstellungen und -lösungen zu übersehen.

In diesem Zusammenhang ist eine von Ludwig Landgrebe geäußerte Beobachtung von Belang.[3] Er berichtete von der Herausgabe des Briefwechsels von Schütz und Gurwitsch, der Briefe aus den Jahren 1939 bis 1959 umfaßt.[4] Dort stellen Schütz und Gurwitsch u. a. fest, daß die Achse der Phänomenologie durch die Problematik der Intersubjektivität führt. In ihren Briefen prüfen sie konsequent Husserls Ansätze und unterziehen sie strenger Kritik. Doch erst mit den seit 1973 vorliegenden Husserlschen Nachlaßmanuskripten zur Intersubjektivität könne man, so Landgrebe, den ganzen Umfang dieses Themas erfassen, und es werde jetzt klar, daß Husserl dieselben Wege wie Schütz und Gurwitsch durchschritten und sich denselben Einwänden gestellt habe.

Unsere Untersuchung dieser nachgelassenen Manuskripte und anderer das Thema der Intersubjektivität betreffender Texte Husserls führte uns zu der Frage,

---

[3] Gespräch mit der Verfasserin am 11. Dezember 1984.

[4] Vgl. A. Schütz und A. Gurwitsch, Briefwechsel 1939–1959, hrsg. von R. Grathoff, München 1985.

ob sich in ihnen eine konsistente *Theorie der Intersubjektivität* auffinden läßt, die, wenn sie auch nicht systematisch entwickelt, so doch durch eine Einheit getragen ist, die kritischer Überprüfung standhalten kann. Unsere Antwort auf diese Frage präsentieren wir im folgenden als Skizze zu einer Theorie der Intersubjektivität bei Husserl.

Dieses Buch wurde nach der argentinischen Auflage (Buenos Aires: Ed. Lohlé, 1987) aus dem Spanischen übersetzt. Für die deutsche Fassung wurden neben Kürzungen in der Vorbemerkung geringfügige Änderungen im Haupttext vorgenommen sowie ein Exkurs (Kapitel IV) hinzugefügt, in dem ich mich mit der neueren Literatur auseinandersetze. Husserls Werke werden nach den „Husserliana" mit dem Sigel Hua und nachfolgender Band- und Seitenzählung zitiert; für die „Cartesianischen Meditationen" (Hua I) wird zudem das Sigel CM verwendet.

I. Einleitung

1. Gibt es bei Husserl eine Theorie der Intersubjektivität?

Husserls Ausführungen zur Intersubjektivität sind nicht zu einem organischen Ganzen ausgearbeitet. Angesichts dieser Sachlage ist zu fragen, ob es überhaupt angeht, dabei von einer Theorie zu sprechen, wenn unter ‚Theorie' ein geschlossenes Ganzes im Sinne des Systems verstanden wird, ein Ganzes also, das ausschließlich aus eindeutig bestimmten Teilen besteht, die in festgefügter Ordnung miteinander verknüpft sind, so daß jede Modifikation auch nur eines Elements das Ganze desorganisieren würde. Husserl präsentiert seine Überlegungen zur Intersubjektivität als Konzepte, die er immer wieder – oft mit Perspektivenwechsel – umgearbeitet hatte. Ihre Terminologie ist nicht immer streng durchgehalten. Wer sich ihnen nähert, sieht sich so vor die Notwendigkeit gestellt, die leitenden Gesichtspunkte im Denken Husserls aufzuspüren, um sich nicht in Stückwerkinterpretationen zu verlieren. Die Vielfalt an Problemen, Erkundungswegen und Fragestellungen und die verschiedenen Untersuchungsebenen bilden jedoch keineswegs ein in sich widersprüchliches Konglomerat.

Diese Feststellung impliziert schon eine Stellungnahme zu unserem Vorhaben: Wir wollen zeigen, daß es bei Husserl das gibt, was als eine ‚Theorie der Intersubjektivität' bezeichnet werden kann. In Übereinstimmung mit Husserls Konzeption der Aufgabe der Philosophie und dem ihr eigenen Gegenstand handelt es sich um eine genuine Art von System, das ebenso offen-unendlich gegenüber einer nicht vollständig einholbaren Vergangenheit wie gegenüber einer unvorhersehbaren Zukunft ist. Deshalb wagen wir den Anspruch, Segmente zu artikulieren, deren Zusammenhang weder in jedem Fall offensichtlich noch auch in einer ersten Annäherung greifbar ist. Wir stoßen nicht auf Texte, die unaufhebbare Brüche aufweisen, sondern auf ein Denken, das sich selbst hinterfragt und hieraus eine philosophische Existenzweise macht, die Paradoxa entdeckt und sich zwischen ihnen bewegt. Letztere bilden nicht wie beim Skeptiker den Endpunkt der Überlegungen, sondern sind Anknüpfungspunkte für denjenigen, der stets von neuem akzeptiert, ein ‚anfangender Philosoph' zu sein. Mit dem freigelegten transzendentalen Bereich liefert Husserl einen festen Grund, auf dem philosophisch Fuß zu fassen ist, der durch immer neue Funde bereichert werden kann und Möglichkeitsbedingung wie Sinnquelle der Welt ist. Es ist diese von Husserl immer tiefer untermauerte und aus neuen Perspektiven eingeholte Transzendentalität, die u. E. die verschiedenen von ihm beschrittenen Wege eint: Es gibt keine Brüche im Verlauf der Entwicklung seines Denkens.

a. Leitaspekt und Aufbau der Untersuchung

Der Zustand der Bearbeitung, in dem sich ein guter Teil von Husserls Texten zum Thema der Intersubjektivität befindet, läßt diese als ein Dickicht von Fäden erscheinen, die es zu entwirren gilt, wobei diese Aufgabe von verschiedenen Seiten aus angegangen werden kann. Bei unserem Versuch, jene Fäden zu entwirren, lassen wir uns von einer These Husserls leiten. Ein an uns gerichteter Vorschlag von Ludwig Landgrebe gab unserer Suche eine grundlegende Orientierung: „Husserl hat gesagt: ‚Ich trage die Anderen in mir'; aufzuhellen, wie er eine solche Behauptung rechtfertigt, wäre die Antwort auf die Problematik, die wir erwogen haben."

Tatsächlich finden wir bei Husserl wiederholt diese Ausdrucksweise, zumindest in zwei Texten. Die erste Stelle, die von I. Kern in seiner Einleitung des III. Bandes „Zur Phänomenologie der Intersubjektivität" im Kontext der intersubjektiven Zeitlichkeit zitiert wird, lautet: „Ich trage alle Anderen in mir."[5] Und im Text „Ein Nachtgespräch" sagt Husserl: „In sich trägt es [das urtümliche ich] die eigentlichen egos, die in bezug auf einander *alteri* sind." (Hua XV, 587)

Das Ziel, Husserls Begründung jenes Satzes aufzuweisen, hat unsere Untersuchung geleitet, und wir meinen ihm in dem Maße nahe gekommen zu sein, als im Verlauf unserer Untersuchung deutlich wird, wie in jeder Schicht, auf die die Reduktion angewandt wird, das ego, so wie es den Anderen und alle Ande-

---

[5] I. Kern, Einleitung des Herausgebers, in: Hua XV, XLIX.

ren in wechselseitiger Verwiesenheit auf spezifische Weise in sich trägt, dem phänomenologischen Blick sich zeigt.

Husserls konsequente Behandlung des Problems führt ihn zur Ausdehnung des Anwendungsgebietes der genetischen Phänomenologie in dem Sinne, daß diese sich mit der Historizität des Bewußtseins und der intersubjektiven Zeitlichkeit verbindet. Unsere Untersuchung, die dem eingangs erwähnten Hinweis der CM folgen wird, beschäftigt sich zunächst mit einem statischen Ausschnitt und stellt heraus, was Husserl „Reduktion auf die Eigenheitssphäre" genannt hat. Hier treffen wir unter den Erlebnissen meines transzendentalen ego meine Erlebnisse des Anderen an. Wenn wir die Lupe der phänomenologischen Reduktion und der genetischen Analyse noch näher ans Objekt rücken, stoßen wir in der Eigenheitssphäre des ego auf die lebendige Gegenwart, deren Strömen in der statischen Analyse künstlich unterbrochen wurde, des weiteren auf die präreflexive Geschichte des Bewußtseins sowie auf die Reihe der Rückverweisungen, die der phänomenologische Blick als das absolute Faktum enthüllt: auf die Historizität des ego und seine intersubjektive Zeitlichkeit.

Der Problembereich der Intersubjektivität, der unsere Erfahrung des weltlichen Anderen begründet, ist ein Thema, das einen zweiten Sinn von Reduktion auf die Eigenheitssphäre und die Entwicklung der Einfühlungserfahrung impliziert, deren grundlegende Struktur Husserl in der V. CM behandelt. Diese Sphäre eröffnet zudem die Möglichkeit, die höheren Konstitutionsstufen zu erhellen, in denen sich die

Intersubjektivität manifestiert: diejenigen von Gemeinschaft und Kultur.

Behandeln wir gemäß unserem Ansatz die beiden auf das intentionale Sein des Anderen in mir bezogenen Momente (das der V. CM und das den späten Texten Husserls entnommene Moment) getrennt, so gliedert sich unser Vorgehen in die folgenden Hauptabschnitte:

1. Statische Phänomenologie: Philosophisch-reflexive Begründung des transzendentalen Anderen
2. Genetische Phänomenologie:
   a) Erhellung der Erfahrung des weltlichen Anderen
   b) Die Intersubjektivität als soziales und kulturelles Phänomen
   c) Phänomenologie der präreflexiven Sphären der den Anderen in sich tragenden Intentionalität
3. Schluß: Der Nachweis, daß es bei Husserl eine Theorie der Intersubjektivität gibt, ist zugleich eine Bestätigung der These, daß die transzendentale Phänomenologie in kohärenter Weise in eine Monadologie überleitet.

b. Die beiden Bereiche des Themas

In der V. CM sucht Husserl die Bedingungen der Möglichkeit für die Konstitution des Anderen aufzuzeigen. Es geht ihm nicht darum, die Existenz des Anderen, sondern den Sinn des ‚Anderen', des ‚existierenden Anderen' auszuweisen. ‚Ich setze den Anderen': Was sind die transzendentalen Leistungen, die eine solche Setzung möglich machen?

Das Verfahren, mit dem Husserl die Setzung des weltlichen Anderen als die in Bewußtseinsleistungen erfolgende Konstitution seines Seinssinns analysiert, ist dasjenige der genetischen Phänomenologie. Für die philosophisch-reflexive Begründung des transzendentalen Anderen (dabei ist dieser als konstituiert vorausgesetzt) betreibt Husserl statische Phänomenologie. Dabei begibt er sich auf den Boden des primordialen ego, wo sich alle nur möglichen Erlebnisse auffinden lassen, darunter auch die, die vom Anderen Zeugnis ablegen; diese Sichtweise befragt nicht den durch die Erscheinung des Körpers des Anderen bewirkten Konstitutionsprozeß. In beiden Fällen aber hat man eine reflexive Erfahrung auf seiten eines ego vor sich, das sich selbst als solches identifiziert.

Der erstgenannte Bereich erschließt sich, wenn der Andere mir – vom Standpunkt der Konstitution seines weltlichen Seins aus – erscheint. Damit dies geschieht, muß ich von meinem in der Welt schon existierenden Körper ausgehen, muß in Rechnung stellen, daß ich akkumulierte Erfahrungen durch den Gesichtssinn habe, sich bewegende und auf externe Bewegungen reagierende Glieder besitze etc., und zwar so, daß diese weltliche Konstitution des Anderen auf ein ‚weiter zurück' verweist. Wie schon im Fall der den Anderen in sich tragenden Intentionalität öffnet sich auch hier ein Weg des Rückgangs auf eine ‚frühere' Schicht, und es stellt sich die Frage nach der präreflexiven, transzendentalen Grundlage ihrer konstituierenden Leistung. Diese Frage verweist auf die Lebenswelt, in deren Bereich Husserl die triebhafte Urintentionalität entdeckt. Die V. CM schließt die Untersuchung dieses präreflexiven Bereichs, auf den Husserl an verschiedenen Stellen des Textes hinweist, nicht aus. Folgerichtig läßt Husserl dort auch die Möglichkeit offen, daß die phänomenologische Epoché diesen Bereich zugänglich macht. Die Konstitution des Anderen, gründend in den verschiedenen, unter der Bezeichnung ‚Einfühlung' zusammengefaßten Leistungen, findet vermittels des ‚Rückfragens' die letzte Bedingung ihrer Möglichkeit. So läßt sich ein Ausgangspunkt gewinnen, der im transzendentalen ego das Faktum seines historischen Seins explizit macht und die Gesamtheit der Monaden impliziert.

Die Problematik der Gegebenheitsweise des Anderen eröffnet zwei Untersuchungsrichtungen. Einmal handelt es sich darum, die Konstitution des Anderen zu rechtfertigen. Für diesen Fall reicht die Analyse der Dingkonstitution nicht aus; das eigene Wesen von ego und alter ego schließt die Möglichkeit einer einzigen, alle Seinsregionen umgreifenden Konstitutionsart aus. Einer Phänomenologie der Schichten, in denen sich die Konstitution vollzieht, zeigt sich eine letzte fundierende Schicht, in der sich ego und alter ego nicht nur als konstituiert, sondern als Bedingung der Möglichkeit der Konstitution selbst erweisen. Die Phänomenologie entdeckt damit zum anderen die Geschichte als Erfahrung, die im ego beschlossen ist und die dieses aufgrund seiner Eigenschaft als intersubjektives ego sich einverleibt hat. Diese Geschichte ist im ego gegenwärtig, noch bevor sie als solche erfaßt und von ihr aus die konstitutive Kraft des ego reflexiv erhellt wird. Ein eher biographischer Umstand stützt unsere Absicht, beide Momente der Theorie miteinander zu verbinden: Husserl war mit der Abfassung der V. CM nie zufrieden, sie erschien

ihm nicht genügend ausgereift, ihr Gehalt unzureichend durchdacht.
Die V. CM als Quintessenz von Husserls Auffassung der Konstitution von Intersubjektivität anzusehen, hieße, sich gegen Husserls eigene Einschätzung stellen. Sich hingegen auf die letzten Texte Husserls unmittelbar vor und im Umkreis der „Krisis"-Arbeit zu beschränken, würde dazu verführen, Husserl in die Nähe von Heideggers Position zu rücken. Gegenüber dieser Alternative erscheint uns der Versuch, beide Perspektiven in ihrer Interdependenz herauszuarbeiten als die einzige Möglichkeit, Husserls gedanklichen Anstrengungen wirklich gerecht zu werden.

c. Die gegenseitige Ergänzung beider Bereiche als Überwindung eines unterstellten Bruchs

Vertritt man die Auffassung, ein Ausgleich zwischen dem Lösungsversuch, den Husserl in der V. CM anbietet, und seinen späten Texten zur Intersubjektivität stelle vor unüberwindbare Schwierigkeiten, ist man gezwungen, in den Nachlaßtexten zur Intersubjektivität gegenüber den früheren Texten einen Bruch zu konstatieren. Unseres Erachtens benennt die V. CM jedoch Themen, die Husserl weiterhin beschäftigten und die für sich genommen eine eigenständige Stufe bilden.
Eine erste Schwierigkeit zeigt sich, wenn man die Untersuchungen der V. CM ausschließlich mit dem Vorgehen der statischen Phänomenologie identifiziert, und das vor allem dann, wenn das Eidos ego und seine Selbstgebung thematisch wird. Auf diese Weise

ergibt sich ein Gegensatz zur Analyse der genetischen Phänomenologie.
Erklärt Husserl in der CM (vgl. Hua I, 136, 150), daß er seine Analysen ausschließlich von einem statischen Gesichtspunkt aus durchführen will, so erweist sich dies de facto als überholt. Die von ihm selbst vorangetriebene Entwicklung der Phänomenologie verlangt, daß der statische Ansatz durch den genetischen vertieft und vervollständigt wird. Dadurch, daß Husserl früh die Zeitigung im Sein des Bewußtseins lokalisiert hatte, war die Genese fortan die Bedingung der Möglichkeit allen Seinssinns. Hieraus folgt, daß die genetische Phänomenologie in der V. CM präsent ist, wenn auch nur insofern, als in gewisser Weise jede Erfüllung eines Sinns auf eine ursprüngliche Stiftung bezogen ist, die selbst wiederum ihre Geschichte hat. Ginge es nicht um die Apperzeption eines fremden Körpers – worin die Geschichte eines dazu schon befähigten Bewußtseins impliziert ist –, gelangten wir in einem statischen Schnitt und unter Beschränkung auf einen der beiden Bedeutungen des primordialen Bereichs zu einer der Explizierungsarten der Einfühlungserfahrung. Doch Husserl schlägt eine andere Form der Primordialität vor, aus der die Erfahrung des Anderen bis zu dem Moment ausgeschlossen bleibt, wo der Körper des Anderen erscheint und wir der Sinngenese des weltlichen Anderen beiwohnen können. Diese Thesen erfordern eine gründlichere Betrachtung. Fürs erste weisen wir mit ihnen darauf hin, daß Husserl in der V. CM sowohl mit der statischen wie mit der genetischen Phänomenologie operiert. Wenn die genetische Phänomenologie später

Schichten erreicht, die in den CM noch nicht entsprechend expliziert sind, dann sind diese Schichten hier nicht prinzipiell, sondern allenfalls vorläufig ausgeschlossen, weil hier der reflexive Bereich, derjenige der Möglichkeit der Konstitution des Sinnes des existierenden Anderen, in den Blick genommen wird. Das Thema der ‚lebendigen Gegenwart' zum Beispiel wird in der V. CM ausdrücklich genannt, und gerade hier wird die Intersubjektivität als eine ursprünglich im ego wirkende letzte Tatsache erklärt.
Ebenso macht sich die genetische Phänomenologie in der V. CM immer dann bemerkbar, wenn Husserl auf die Sedimentierungen verweist, die die Identifikationsleistungen ermöglichen. In jeder Konstitutionsanalyse versetze ich mich in die Bewußtseinsgeschichte zurück, bis ich an einen Punkt gelange, an dem ich nicht mehr als ein ‚ich kann' – z. B. im Sinne von ‚ich kann mich bewegen' –, also ohne ein Ich und ohne eine explizite Welt, war, aber mit einer erlebten Welt als Korrelat meiner Bewegung. Auch auf diese Problematik wird in der V. CM verwiesen. Das, was als Resultat einer Geschichte für uns bewußt wurde, hat seinerseits eine Vorgeschichte, auch wenn Husserl sie in der V. CM nicht erhellt.
Erst in seinen späten Texten greift Husserl von der philosophischen Tradition übergangene Aspekte auf und betrachtet sie als konstitutiv für die Sache. Eine Geschichte oder eine Vorgeschichte des Sinnes von Welt eröffnet sich gerade mit Hilfe des ‚ich kann', das dem reflexiven Bereich vorhergeht. Das im menschlichen Bewußtsein entspringende Leben ist sedimentierte Geschichte, die, gerade weil sie von Reflexion

und Einbildungskraft wieder aufgenommen werden kann, zur Geschichte des Menschen und – damit gleichbedeutend – aller Menschen wird. Sie ist Geschichte in dem besonderen Sinn, daß sie sich schon in der Dauer eines jeden menschlichen Lebens mit einem dynamischen Charakter, als dynamisch, unbewußt oder bewußt aufgenommene Tradition darbietet und aufgrund der Möglichkeit, ihren Verlauf neu zu orientieren, als Fähigkeit zur Verantwortung erscheint. Diese als Gedächtnis des Menschengeschlechts und der Welt übernommene Geschichte – als Zeit der Anderen, die jeder Andere neu konstituiert – ist es, die die letzte Schicht zu einem Principium werden läßt, das in der transzendentalen Reduktion als geschichtlich-transzendentale Intersubjektivität sichtbar wird. Diese Themen umgrenzen den von uns genannten zweiten, den präreflexiven Bereich. Bezüglich dieses Bereichs deckt die phänomenologische Reduktion Schichten auf, die von unserem Mitsein mit den Anderen Rechenschaft ablegen, bevor wir uns selbst als ego erkennen. Damit haben wir Gründe vorgezeichnet, die unsere These vom einheitlichen Charakter der Husserlschen Theorie der Intersubjektivität untermauern sollen.

2. *Phänomenologie als Transzendentalphilosophie*

Welchen Ort besitzen Husserls Ausführungen zur Intersubjektivität im Ganzen seines Denkens? Da es sich hierbei um ein Thema handelt, dem sich Husserl mehr als dreißig Jahre hindurch widmete, bereicherte und verwandelte sich der ursprüngliche Problemansatz im Laufe der Zeit. Dies beginnt schon mit dem Problem der Konstitution des Anderen, das deutlich die Richtung von Husserls diesbezüglichem Fragen bestimmte, und hält sich durch bis zur Bearbeitung von Themen wie Impulse, Liebe, Geschlecht, Institutionen, um nur einige zu nennen, die voreilig zu der Vermutung führen könnten, Husserl habe sich unter Preisgabe seiner ursprünglichen Absichten auf das Terrain mundaner Wissenschaft, der Biologie oder Sozialwissenschaft, begeben.

Eine andere Lesart der späten Texte Husserls betrachtet sie als Zeugnisse eines Denkens, das sich mit Heideggers Standpunkt überschneidet. Es soll hier nicht ein möglicher Einfluß des Schülers auf den Meister[6] diskutiert noch auf die Frage eingegangen werden, inwiefern Heideggers Denkansatz selbst aus einer konsequenten Fortführung der Husserlschen Phänomenologie erwachsen ist.[7] Wir wissen, daß die Lektüre von „Sein und Zeit" Husserl in seiner Hoffnung auf eine Zusammenarbeit mit Heidegger enttäuscht hatte. Wir erwähnen dies nur, um darauf hinzuweisen, daß Husserl sich durch Heideggers ontologische Intention nicht verstanden fühlte und daß ihm die Frage nach dem Sein, so wie sie jenes Werk leitet, fremd geblieben ist. Was Husserls Haltung gegenüber den Wissenschaften anbelangt, so kann keine Rede davon sein, daß er in deren Gebiet hinübergeglitten sei, hatte er doch ihre Position als vor- und außerphä-

[6] M. Presas, Acerca del programa de la fenomenología, in: Revista Latinoamericana de Filosofía 10 (1984) 255–267.
[7] A. Aguirre, Die Phänomenologie Husserls im Licht ihrer gegenwärtigen Interpretation und Kritik, Darmstadt 1982.

nomenologische, ‚natürliche', von der durch die phänomenologische Reduktion zu erlangenden Einstellung stets scharf abgehoben. Wie können wir dann Husserls philosophischen Leitgedanken charakterisieren? Wir antworten, indem wir das allzu Bekannte wiederholen: Husserls Philosophie ist eine Transzendentalphilosophie. Was versteht Husserl darunter?[8]

Husserl suchte bekanntlich die großen philosophischen Entdeckungen der Neuzeit an ihre Vollendung heranzuführen: Indem er die transzendentale Subjektivität auslegt, will er Rechenschaft über die Quelle von jeglichem Sinn von Sein geben. War der Aufweis der Apodiktizität des ‚ich denke' das Werk von Descartes, so stellt die Entfaltung der Transzendentalphilosophie von Kant an das Werk der deutschen Philosophie dar. Husserl ist jedoch nicht so ohne weiteres in diese Tradition einzufügen.

Der von Kant begründete transzendentale Idealismus antwortet auf die Frage nach den Bedingungen der Möglichkeit der Erkenntnis, die auf Begriffen a priori beruhen. Diese Position impliziert eine Kritik am Empirismus, dessen skeptischen Ausgang Kant überwinden will. Das Prinzip, das für Kant alle apriorischen Vorstellungen rechtfertigt, ist die apodiktische Gewißheit des Cartesischen cogito ergo sum, das transzendentale Subjekt der Apperzeption, der höchste Punkt der *Kritik*, worauf die Legitimität aller Synthe-

---

8 Vgl. L. Landgrebe, Ist Husserls Phänomenologie eine Transzendentalphilosophie?, in: Husserl, hrsg. von H. Noack, Darmstadt 1973, 316–324.

sis beruht. Die Kantische Philosophie besitzt wie alle Philosophie tiefe Wurzeln in ihrer Zeit, nämlich darin, daß sie eine Bastion gegen wilde metaphysische Spekulation errichten will. Diese jeweilige Verwurzelung in einer Epoche ist für uns schon ein Hinweis auf die Distanz, die beide Konzeptionen von Transzendentalität voneinander trennt.

Eine erste vergleichende Gegenüberstellung der Ansätze von Kant und Husserl deckt Parallelen auf, aber einer eingehenderen Betrachtung bleiben Unterschiede nicht verborgen.[9] Das, was an erster Stelle offenkundig wird, ist ein Isomorphismus der das Phänomen konstituierenden Leistungen und das Fehlen einer realistischen Stellungnahme, was dazu führen könnte, Kant für einen avant-la-lettre Phänomenologen im Husserlschen Sinne zu halten, sofern für Kant die Realität eine der Kategorien des Verstandes ist oder auch das unfaßbare X, das den Erkenntnisprozeß entfesselt. Mehr noch, wenn wir das ganze Panorama der Kantischen Problematik in den Blick fassen – das heißt unter Einschluß der im „Opus postumum" vorgelegten Andeutungen und Lösungsentwürfe: das von aller Beschränkung seitens der Sinnlichkeit und von passiv-rezeptiven Charakteristika befreite transzendentale Subjekt als eine theoretische Welt bildende unbedingte Tätigkeit und bezüglich der moralischen Person parallel als Urheber der prak-

[9] Vgl. I. Kern, Husserl und Kant. Eine Untersuchung über Husserls Verhältnis zu Kant und zum Neukantianismus, Den Haag: M. Nijhoff 1964.

tischen Welt[10] –, dann finden wir bei Kant den Keim des Idealismus, der sich im Denken von Fichte und Hegel entfaltet. Folglich können wir bei Kant die beiden zentralen transzendentalen Aspekte lokalisieren, die fragmentarisch, freilich auch verwandelt, bei Husserl wiederauftauchen: einerseits die Kritik als Begrenzung der Anwendung von Begriffen a priori auf die Objekte möglicher Erfahrung und andererseits den Idealismus, so wie wir ihn von Fichte oder von Hegel her kennen. Eine Anschauung aktiven Zuschnitts, wie sie der späte Kant konzipiert hatte, verringert zudem den Abstand zur Husserlschen Konzeption von Anschauung als gebender, die „die Evidenz als Bewußtsein der ‚Selbsthabe' des Bewußten ermöglicht"[11].

Aber die Parallele endet, wenn wir unser Augenmerk auf den Hintergrund richten, vor dem beide Denkentwürfe sich entfalten, wenn wir die jeweiligen Konzeptionen von Vernunft betrachten. Der Kantische und der Husserlsche Vernunftbegriff unterscheiden sich, und dem widerspricht nicht beider Bewunderung für Hume, was bei beiden jedoch in je anderer Weise zum Ausdruck kommt. Schließlich trennt beide Konzeptionen Husserls Auffassung von der Unmöglichkeit, den Sinn der Begriffe endgültig festzulegen, was ihn vielen Mißverständnissen ausgesetzt hat. Auf gleiche Weise ist seine Zurückweisung von Kants Verfahren

---

10 P. Lachièze-Rey, L'idéalisme kantien, 2. Aufl. Paris: Vrin 1950; J. V. Iribarne, La libertad en Kant, Buenos Aires: Ed. Carlos Lohlé 1981.

11 Vgl. L. Landgrebe, Ist Husserls Phänomenologie eine Transzendentalpilosophie?, a. a. O. 322.

der Deduktion der Kategorien zu verstehen. Husserl begreift die Vernunft als offene. Die Rolle, die dabei die Intentionalität spielt, dispensiert die Vernunft von einer Entgegensetzung der inneren und äußeren Welt. Die Synthesis als Leistung der Intentionalität ist nicht in erster Linie Resultat der Spontaneität der Vernunft, sondern weist zurück auf einen vorprädikativen Bereich passiver Synthesen. Freilich, dies so ohne weiteres zu behaupten bedeutet, die Sachverhalte übers Knie zu brechen. Sie hier zu explizieren, würde aber zu weit führen, so daß wir uns zu dieser gedrängten Zusammenfassung berechtigt fühlen. Hinzuzufügen bleibt, daß für Husserl die Gewißheit des ‚ich denke' die Welt einschließt. Diese Art von Apodiktizität der Weltexistenz betrifft die empirische Apodiktizität: Soweit die Welterfahrung einstimmig ist, glaube ich an das Sein der Welt. Einzelnes kann durchstrichen werden, ohne daß damit die Setzung der Welt selbst als Horizont alles Seienden mitbetroffen ist. Im Gegensatz dazu ist die in sich geschlossene Vernunft bei Kant fähig, „aus ihrem eigenen Vermögen a priori die Welt zu entwerfen"[12]. Bei Kant geht es nicht um die Behauptung der Existenz der Welt, sofern Welt infolge der Verknüpfung von Substanzen besteht.

Ein besonderer Aspekt des Transzendentalen bei Kant verweist auf die Bestimmung, die Kant dem Sinn des Intersubjektiven gibt. Kants transzendentales Subjekt ist nicht das Einzelsubjekt im Sinne des einzigen und unwiederholbaren ego Husserls, das das ego des anfangenden Philosophen ist. Die Universalität des

---

[12] Ebd. 323.

transzendentalen Subjekts umfaßt alle einzelnen Subjekte, und in dieser Sichtweise könnte der transzendentale Bereich als übersubjektiv bezeichnet werden oder auch als allsubjektive Wiederholung eines Bildes in unendlichen Spiegeln, wobei in jedem die gleiche vernunftgemäße Funktion reflektiert wird, die Vernunft selbst, die sich selbst gleich ist und sich unendlich in jedem Spiegel wiederholt. Die Dimension der Mannigfaltigkeit von Subjekten erscheint bei Kant tatsächlich in der „Kritik der praktischen Vernunft", gerade weil der ethische Ansatz wesenhaft nicht vom Solipsismus her konzipiert werden kann. An dieser Stelle bereits zu sagen, wie Husserl den Sinngehalt des Intersubjektiven im transzendentalen Bereich bestimmt, würde unsere erst zu leistende Untersuchung vorwegnehmen. Hier ist aber der Ort, auf die Frage zu antworten, die zu diesen Überlegungen geführt hatte: Warum ist es möglich zu behaupten, daß die Phänomenologie Husserls eine Transzendentalphilosophie ist? Dies zu fragen ist insofern angebracht, als sich die Suche nach den Bedingungen, unter denen das in der Intuition Gegebene begriffliche Form erhält, als Aufgabe transzendentaler Reflexion versteht. Wenn wir hinzunehmen, daß die Eigendynamik der Problematik die vorreflexiven Bereiche als konstitutierende aufdeckt, dann ist die These zu vertreten, daß Husserls Denken legitimerweise das Prädikat einer Transzendentalphilosophie zukommt.

3. *Ist auf den Einwand des Solipsismus einzugehen?*

Der Einwand des Solipsismus erscheint wie eine Klippe, die zu umschiffen ist, wenn die Problematik der Intersubjektivität diskutiert werden soll. Als Vorwurf an Husserls Phänomenologie formuliert, erweist er sich jedoch als eine einseitige Lesart seines Denkens, die zudem unhaltbar ist, zieht man dieses in seiner Gesamtheit in Betracht.

Der Vorwurf des Solipsismus tritt als kategorische Behauptung auf, die einem transzendental-epistemologischen Todesurteil gleichkommt: Geht Husserl von der Egologie aus, so verwandele sich das Ich in ein Gefängnis, da es zu einem Spiegel werde, in dem es nur sich selbst reflektiert. Auf diesem Wege werde niemals über irgendetwas Auskunft zu erhalten sein, nicht einmal über das Ich selbst, insofern es für ein isoliertes Ich wesentlich unmöglich ist, Objektivität zu erfassen. Bekannte Autoren[13] haben auf diese Weise die Phänomenologie Husserls interpretiert und sie damit von ihrem Standpunkt aus entsprechend disqualifiziert.

Unsere Auffassung begreift sich ab initio als Antipode zu einer solchen These, was aber nicht berechtigt, den Einwand des Solipsismus zu ignorieren. Vielmehr verpflichtet sie, das Problem des Solipsismus genau zu fassen und eine Antwort darauf zu geben, warum sein Vorwurf Husserls Position nicht trifft. Allgemein betrachtet weist der Solipsismus zwei unterschiedliche Formen auf: Er kann metaphysisch

---

[13] Zum Beispiel A. Schütz, J.-P. Sartre, P. Ricoeur.

oder erkenntnistheoretisch orientiert sein. Im ersten Fall wird ein individuelles ipse behauptet, dessen Grenzen es selbst einschließen. Diese Spielart des Solipsismus fällt unter das, was Husserl selbst als „Idealismus des Realisten" bezeichnet hatte; der metaphysische Ausgangspunkt dieser Form des Solipsismus macht ihn somit für Husserls Position untauglich. Der erkenntnistheoretische Solipsismus ist ein methodisches Verfahren, das einen letzten Grund für Wahrheit freilegen soll. Diese Spielart des Solipsismus verpflichtet damit aber – was dieser gerade vermeiden will – zur Aufklärung des solus ipse, das sich der Charakterisierung als Gefängnis nicht entziehen kann. Es war diese Alternative, die Descartes auf Gott zurückgreifen ließ.

Man könnte Husserl einen derartigen erkenntnistheoretischen Solipsismus zum Vorwurf machen, wenn die Phänomenologie nur in der Beschreibung der primordialen Welt ihr Ziel sähe. Die von Husserl betonte Unmöglichkeit, die Welt vom ego zu trennen, und die von Anfang an notwendige Ansetzung der Intersubjektivität gerade als Bedingung dafür, daß das Ich als solches gelten kann, lassen keinen Zweifel daran, daß Husserls solipsistische Abstraktion ein begrenztes, methodebedingtes Vorgehen ist. Würde sich die unabweisliche Präsenz des Anderen im ego nicht auf dem Weg der aufeinanderfolgenden Reduktionen erweisen können, hätte Husserl selbst seine Philosophie als gescheitert ansehen müssen, weil es in diesem Falle dem ego nicht einmal gelungen wäre, Erkenntnis von sich selbst zu erlangen. Husserls Äußerungen zum systematischen Ort des Solipsismus im Ganzen seines

Denkens erlauben keinen Zweifel: Als anfangende Philosophen dürfen wir uns nicht von einem scheinbaren Solipsismus schrecken lassen – die Reduktion auf das transzendentale ego soll konsequent und in Übereinstimmung mit seinem eigenen Sinngehalt zu einer Phänomenologie der transzendentalen Intersubjektivität führen. Die ‚philosophische Unterstufe' des transzendentalen Solipsismus und der ausschließlich methodologische Zweck (vgl. Hua I, 69), der mit ihm verfolgt wird, werden dann offensichtlich. Die „philosophischen Kinder", die sich damit konfrontiert sehen, daß das ‚ich bin' das ursprüngliche intentionale Fundament jeglicher für mich gültiger Welt ist, bereitet Husserl bei anderer Gelegenheit darauf vor, daß ein solcher Umstand ihnen als „dunkler Winkel, in dem die Gespenster des Solipsismus [...] spuken" (Hua XVII, 209f., vgl. 238), erscheinen könne. Husserl denunziert die Behauptung des transzendentalen Solipsismus als Illusion und fordert seine Auflösung in einer Analyse, die nicht Interpretation, sondern Aufweis ist wie auch zugleich Verstehen des Sinnes von Welt – jener Welt, die für mich und für uns ist im Sinn von ‚die eine und selbe Welt'. Husserl erklärte, daß er dieses Problem bereits in seinen Göttinger Vorlesungen des Wintersemesters 1910/1911 gelöst habe, in denen es ihm gelang, die Intersubjektivität transzendental zu fassen (Hua XVII, 214f.).

Aufgrund der bisherigen Überlegungen kommen wir zu dem Schluß, daß die Phänomenologie keinen Solipsismus impliziert.[14] Hierbei handelt es sich um eine

---

[14] Vgl. A. Aguirre, Die Phänomenologie Husserls [...], a. a. O.

vorläufige Feststellung, die erst durch die nachfolgende Untersuchung bestätigt werden kann, dann, wenn wir bei Husserl eine wenn auch nicht ausgereifte kohärente Theorie der Intersubjektivität nachweisen können.

4. *Die V. Cartesianische Meditation als Orientierungsrahmen der Untersuchung*

Im § 48 der CM weist Husserl darauf hin, daß nicht alle meine Bewußtseinsweisen auch Weisen meines Bewußtseins von mir selbst sind. Diese Bemerkung bestätigt der Aufweis, daß sich das wirkliche Sein ursprünglich durch übereinstimmende Erfahrungen konstituiert; zu einer derartigen Übereinstimmung kommt es, weil meine Bewußtseinsleistungen mit denen der Anderen ineinanderfließen.

Es gilt also zu verstehen, wie das ego jene neue Art von Intentionalitäten in sich hat, die sein eigenes Sein (Hua I, 135) überschreiten. In der Folge benennt Husserl eine Schwierigkeit, die die Frage auf eine andere Ebene stellt: Es sei problematisch, den Anderen zu vermeinen, da ja die Annahme fremder Bewußtseinsweisen von der Möglichkeit ihrer Entdeckung abhinge, von Erfahrungen, die das Vermeinte erfüllen oder annullieren. Unseres Erachtens stellt sich damit das Problem der Bewahrheitung des transzendental konstituierten Anderen oder vielmehr der transzendentalen Möglichkeit der Erfahrung des Anderen im

---

44 ff.; P. Hutcheson, Husserl's Problem of Intersubjectivity, in: Journal of the British Society for Phenomenology 11 (1980) 144–162.

Feld meines transzendentalen ego und nicht das Problem der Gültigkeit des konstituierenden transzendentalen Anderen in mir. Das hier formulierte Problem könnte auch als solches bezeichnet werden, das die spezifische Präsenz des Intersubjektiven im transzendentalen Feld zum Thema hat.

Damit ist ein Problem genannt, das generell das Verständnis der V. CM verdunkelt und in dem zwei Standpunkte ineinander übergleiten. Auf der einen Seite handelt es sich um die Präsenz des konstituierenden transzendentalen Anderen in mir, deren philosophische Ausweisung in diesem Text unzureichend bleibt und die durch das Verfahren der ‚doppelten Reduktion' ergänzt werden müßte, das Husserl zuerst in den Vorlesungen von 1910/1911 entwickelt und in denen von 1923/1924 erweitert hatte. Auf der anderen Seite geht es um die Konstitution des weltlichen Anderen (Hua I, 136). Aus diesem Grund könnte es scheinen, als ob Husserl in den CM schwanke und nun auf die genetische Phänomenologie verfalle, trotz seiner hier erklärten Absicht, sich in den Grenzen der statischen Phänomenologie zu halten. Diese Schwierigkeit läßt sich überwinden, wenn wir sehen, daß die statische Analyse genügt, um auf den ersten Frageansatz zu antworten. Um hingegen die Erfahrung des weltlichen Anderen zu explizieren, muß Husserl in letzter Instanz auf eine Form der Assoziation zurückgreifen, deren genetischen Charakter er frühzeitig erkannt hat (Hua I, 113; Hua XI, 283). Er bezieht sich auch auf die Genese des Bewußtseins, um das Vermeinte mit gleichen oder ähnlichen Erfahrungen des Anderen zu untermauern oder zu dementieren. Das heißt, in dem

Maße, in dem das wirkliche Sein, in diesem Falle das Sein des Anderen, sich ursprünglich vermittels einer Übereinstimmung konstituiert, „muß es […] noch andere Erfahrungen in Systemen der Einstimmigkeit in meinem eigenen Selbst geben" (Hua I, 135). Auf diese muß Husserl sich berufen. Die Klarstellung dieser doppelten Sichtweise, die in der V. CM nicht gelingt, hatte Iso Kern erarbeitet (Hua XV, XVIII ff.) und als diesem Text inhärente „innere Spannung und Zweideutigkeit" bezeichnet. Die Intention, diese doppelte Absicht Husserls aufzuklären, zeichnet den Weg unserer Untersuchung vor.

II. Statische Phänomenologie

1. Charakterisierung der statischen und der genetischen Phänomenologie

In einem Text von 1921 macht Husserl auf den Unterschied aufmerksam, der das Eidos ego von der konkreten individuellen Monade trennt. Dieser Unterschied entspricht demjenigen, der zwischen den beiden phänomenologischen Verfahren besteht:

> „Die phänomenologisch-eidetische Reduktion stellt mich auf den Boden einer möglichen Monade überhaupt, aber nicht gerade einer individuell identisch gedachten und unter der Forderung, die individuelle Identität nach ihren Möglichkeiten und Notwendigkeiten zu umschreiben. Ich kann aber auch diese neue Aufgabe stellen und natürlich unter Benützung der Wesenslehre der Akte, der sich konstituierenden Gebilde usw.“ (Hua XIV, 37)

Husserl sieht deutlich die Grenze der statischen Herangehensweise für die Entfaltung phänomenologischer Fragestellungen: „Die möglichen Typen von Erfüllung und die Systeme möglicher allseitiger, vollständiger oder sich kontinuierlich vervollständigender Erfüllung nach noetischem und noematischen“ zu beschreiben betreffe „keine Frage nach einer erklärenden Genesis“ (Hua XI, 339).

Das Problemfeld der statischen Phänomenologie ist das möglicher wesentlicher Inhalte, die ein für alle Mal feststehen. Es handelt sich um das, was mit der Bezeichnung ‚Gegenstand' oder ‚Sinn' benannt ist. Die statische Analyse deckt die Stufen intentionaler Gegenständlichkeit auf, die auf höherer Stufe in fundierten Apperzeptionen und Sinngebungsfunktionen und auch im impliziten Fungieren als objektiver Sinn erscheint; sie gebraucht das Objekt als Leitfaden, um dessen Gegebenheitsweisen und die Wechselseitigkeit von Konstituierendem und Konstituiertem aufzuweisen. Das heißt, daß die wesentlichen Inhalte in der statischen Analyse als schon gewordene betrachtet werden. Husserl weist darauf hin, daß die Apperzeption in der konkreten Situation nicht ohne ihre Genesis verstanden werden kann: Sie ist synthetisierte Einheit tätiger Formen, so wie die Schlußfolgerung aktiver Apperzeption Prämissen und die Erlebnisse fundierenden Erlebnissen entstammen (Hua XI, 340).

Husserl nennt die genetische Analyse „Rekonstruktion"; es handelt sich um die Rekonstruktion struktureller Schichten, die die statische Analyse sichtbar macht. Schon in einem Text von 1916 hatte Husserl dieses Problem umschrieben: „Die phänomenologische Genesis. Fundierungsordnung der konstitutiven Stufen. Einseitige Ablösbarkeit. Die untersten Stufen wären bewußtseinsmäßig möglich, wenn die oberen fehlten. Abstraktion." (Hua XIII, 354)

Dies macht deutlich, warum für Husserl die statische Analyse der genetischen Phänomenologie als Leitfaden dient. Husserl stützt sich auf dieses Zuordungsverhältnis, wenn er in einem Text von 1927 die phänomenologische Genesis von der empirischen absetzt (Hua XIV, 481). Die Strukturanalyse der statischen Phänomenologie geht der genetischen voran: „[...] jede Gestalt von Apperzeptionen ist eine Wesensgestalt und hat ihre Genesis nach Wesensgesetzen, und somit liegt in der Idee solcher Apperzeption beschlossen, daß sie einer ‚genetischen Analyse' zu unterziehen ist." (Hua XI, 339; vgl. Hua XVII, 187)

2. *‚Spannung und Zweideutigkeit' in der V. Cartesianischen Meditation*

Iso Kern klärte bezüglich der V. CM etliche Mißverständnisse auf. Wir nehmen seine Darlegungen mit der Intention auf, die verschiedenen Aspekte der Problematik noch genauer voneinander abzugrenzen.

Nachdem Husserl den Einwand des Solipsismus diskutiert hat, bezeichnet er das Problem der Konstitution des Anderen in meinem Bewußtsein als ein transzendentales Problem, da ja „jeder Sinn, den irgendein Seiendes für mich hat und haben kann, sowohl nach seinem ‚Was' als nach seinem ‚Es ist und ist in Wirklichkeit' Sinn ist *in* bzw. *aus* meinem intentionalen Leben, aus dessen konstitutiven Synthesen, in den Systemen einstimmiger Bewährung sich für mich klärend und enthüllend" (Hua I, 123).

Im Anschluß daran beginnt Husserl mit einer Analyse, die das primordiale ego zum Ausgangspunkt nimmt. Husserl führt diese Analyse alternativ von zwei auf unterschiedliche Objekte gerichteten Standpunkten aus durch; beide Positionen sind in der V. CM präsent, wobei Husserl es jedoch unterläßt, sie voneinander scharf abzuheben und sie jeweils zu deklarieren. Eine durchgängige Unterscheidung hätte ihr Ineinandergleiten verhindert und so zwangsläufig entstehende Verwirrungen vermeiden helfen. Wird dies nicht erkannt, liegt es nahe, sich nach einer ersten Lektüre des Textes zu fragen, ob Husserl sich darin wirklich an die von ihm proklamierte statische Herangehensweise hält; ferner, ob die primordiale Sphäre meine Erlebnisse des Fremden enthält oder nicht, und schließlich, ob dort die Rechtfertigung des transzendentalen Anderen definitiv geleistet oder ob die konstitutive Erfahrung des Sinnes des ‚weltlichen Anderen' entfaltet werden soll.

Die Veröffentlichung der Manuskripte zur Intersubjektivität hat einen Text zugänglich gemacht, dem in diesem Zusammenhang zentrale Bedeutung zukommt: die erste Fassung der V. CM, die Husserl zum Monatswechsel März/April 1929 fertiggestellt hatte. Dieser Text enthüllt die Zweideutigkeit des Konzeptes der Primordialität und die doppelte Absicht, die Husserl dabei verfolgte.

In dieser Fassung wird einerseits die These wiederholt, daß die Erfahrung des Anderen als Erlebnis zur primordialen Sphäre gehört: „Das ihm [dem ego] spezifisch Eigene, sein konkretes Sein als Monade rein in sich selbst und für sich selbst in abgeschlossener Eigenheit, befasst wie jede so auch die auf Fremdes gerichtete Intentionalität, [...]" (Hua XV, 6) Weiter unten heißt es: „Ich bin mir apodiktisch gewiss und bin in diesem strömenden Leben, mit all seinen Erlebnissen, darunter auch die jeweiligen Erlebnisse der Fremderfahrung." (Hua XV, 8) Und weiter:

„Natürlich gehört in dieses für sich selbst eigene *ego* (in meine konkrete ‚Monade') auch die Gesamtheit der innerhalb der Motivationen meines Lebens erwachsenen *Erlebnisse der Fremdwahrnehmung* und so die ganzen auf die Welt im vollen und eigentlichen Sinn bezogenen Erfahrungen und sonstigen Bewusstseinsweisen." (Hua XV, 11)

Mit Bezug auf die Aufgaben, die sich aus diesen Überlegungen ergeben, fügt Husserl hinzu: „Wie ist innerhalb des primordialen *ego*, also innerhalb der absolut abgeschlossenen Sphäre meines Eigenen, in der auch meine Einfühlungserlebnisse auftreten, diese höherstufige Intentionalität auszulegen?" (Hua XV, 12)
Andere Passagen dieser Texte scheinen mit diesen Aussagen in krassem Widerspruch zu stehen: „Ist also, und als erstes, das *ego* in seiner Eigenheit umgrenzt und in seinem Bestand – nicht nur an Erlebnissen, sondern auch an von ihm konkret unabtrennbaren Geltungseinheiten – überschaut und gegliedert, [...]" (Hua XV, 7) Offenbar liegt ein Perspektivenwechsel vor, wenn Husserl sagt: „Die Fundierung der Fremderfahrung in den Gegebenheiten der primordinalen besagt natürlich für die erstere eine in ihren eigenen Horizonten angezeigte intentionale Verflechtung, die als den Sinn mitbestimmende erschlossen werden muß." (Hua XV, 13)
Die Unterscheidung zwischen beiden Sphären verpflichtet in diesem Fall dazu, die Fremderlebnisse, die aus der primordialen Sphäre jedoch methodisch ausgeschlossen sind, vorauszusetzen. Sie sind Teil der Erfahrung, die ausgewiesen werden soll. In diesem Sinne ist Kerns Feststellung durchaus angemessen:

„Das Motivierende oder ‚Motivationsfundament‘ ist dabei das Primordinale oder Eigene, das Motivierte ist das Fremde. Unter diesem Gesichtspunkt ist es natürlich widersinnig, die Fremderfahrungen des *ego* (als Erlebnisse), deren Motivierung ja verständlich werden soll, selbst zum Motivationsfundament oder Primordinalen zu rechnen.“[15]

Dementsprechend informieren die Texte darüber, daß die Abstraktionsleistung jetzt auf mein ego in seiner Reinheit führt. Dies muß expliziert werden, um sichtbar zu machen, warum der Begriff des ‚Mir-Eigenen‘ hier eine andere Bedeutung besitzt als in der zuerst entfalteten Perspektive. In diesem Fall gilt: „In der ersten, primitivsten Stufe der Fremderfahrung wäre also das pure primordinale Ich-selbst das, was in ihr ‚eingefühlt‘ wird in der Sinnesgestalt ‚Anderer‘.“ (Hua XV, 13) Worin besteht diese Eigenheitssphäre in dem zweiten angedeuteten Sinn? Nach Husserl sind es die „primordinalen Transzendenzen eigener Leib und auf ihn bezogen die eigenheitlich konstituierte Natur wie andererseits auch das dem Leib zugehörige eigenheitliche Psychische“ (Hua XV, 14). Sodann folgt der Schritt, der die Konstitution des Anderen mit dem Sinn ‚Realität, die sich in der Welt bestätigt‘, expliziert:

„Innerhalb dieser so gegliederten ‚Umwelt‘ meines puren *ego* (die als eigentlich konstituierte von ihm konkret untrennbar ist) *tritt nun* als Motivationsfundament der Fremderfahrung der fremde Leibkörper – der Körper *auf*, der als fremder Leib aufgefasst wird.“ (Ebd.; Hervorhebung von mir)

[15] I. Kern, Einleitung des Herausgebers, in: Hua XV, XIX.

Von hier an liegt eine dynamische Betrachtung vor (ausgedrückt durch jenes „nun auftreten"), die mehr an die genetische als an die statische Analyse gebunden ist. In einer Eigenheitssphäre, aus der die Erfahrung des Fremden ausgeschlossen ist, begegnet nun der fremde Körper. Der Perspektivenwechsel erlaubt es Husserl, die aus der neuen Abstraktion resultierende Sphäre der Eigenheit wie folgt zu beschreiben: „*Es sind nun* aber im Übergang zu den konstitutiven Systemen der Aktualität und Potentialität diejenigen *abzuheben*, in denen unserer Abstraktion gemäss Fremdbewusstsein keine konstitutive Rolle spielt." (Hua XV, 8; Hervorhebung von mir)
Als Ergebnis dieses Vorgangs hebt Husserl „*die blosse Natur*" heraus, die nicht „für jedermann-da" und frei von geistigen und kulturellen Prädikaten ist. „Unter den puren Naturobjekten finde ich in einziger Auszeichnung *meinen Leib* [...]" (Ebd.) Im gleichen Sinne schreibt Husserl weiter unten:

„Der Deutlichkeit halber sprechen wir von nun ab vom *primordinalen ego*, seinen primordinalen Erfahrungen und überhaupt Eigenheiten, darunter seinen *primordinalen Transzendenzen* – gegenüber dem, was zwar auch zum transzendentalen Bereich des *ego* gehört, was ihm in einem sekundären Sinn als in ihm Konstituiertes zu eigen wird an Erlebnissen, an Potentialitäten, an Synthesen, an Transzendenzen – eben in dem Sinn, in dem fremde *ego*'s und fremde Eigenheiten jeder Art mir bewusst und erfahrbar werden." (Hua XV, 12)

Die Erwähnung der primordialen Abstraktion als Reduktion auf den Bereich des Mir-Eigenen ist also als Hinweis darauf zu verstehen, daß in beiden Fällen

die Leistungen differenziert werden müssen: Resultat der ersten Abstraktionsleistung ist die Erfassung einer primordialen Sphäre, die meine Erlebnisse des Anderen einschließt; aus der zweiten Abstraktionsleistung ergibt sich der Ausschluß jeder Setzung des Anderen aus meiner Eigenheitssphäre, sei es der Setzung seiner selbst oder seiner kulturellen Hervorbringungen. Die Unterscheidung zwischen beiden Operationen folgt aus dem unterschiedlichen Resultat der Abstraktionsleistung, der Beschreibung der entsprechenden primordialen Sphäre.
Als erstes Problemfeld der V. CM bezeichnen wir mit I. Kern dasjenige, das mit der cartesianischen Idee apodiktischer Fundamentierung des Wissens sowie der Frage nach der Unterscheidung von meiner und der fremden Monade umschrieben ist. Die fundamentale Sphäre, die sich aus der primordialen Abstraktion ergibt, ist die erste in der Fundierungsfolge philosophischer Reflexion. Eine entsprechende Reduktion hebt das, was wir die Sphäre des Mir-Eigenen in der ersten Bedeutung nennen, heraus. Aufgrund dieser Unterscheidung läßt sich auch verstehen, warum den Texten der endgültigen Fassung (besonders den §§ 44–49), die diesen Gesichtspunkt entfalten, der Hinweis auf die ontisch-noematische Gegebenheit des Anderen als Leitfaden des Fragens voraufgeht (Hua I, 122), der von einer anderen Problematik her und mit der Zielsetzung anderer Aufweisungen eine Reduktion auf die Sphäre des Mir-Eigenen in einem zweiten Sinne intendiert. Husserl gleitet von einem zum anderen. Er drückt die zweifache Sinnrichtung der Problematik aus, indem er hervorhebt, daß die

Konstitution und damit der transzendentale Sinn der fremden Subjekte zur Debatte steht und noch nicht die Frage nach den Anderen als in der Welt existierenden (Hua I, 124). Trotzdem stellte er den Leser mit dieser Erläuterung nicht zufrieden, was sich darin zeigt, daß die phänomenologische Literatur beide Ansätze nicht deutlich zu unterscheiden wußte, bis Iso Kern die „innere Spannung und Zweideutigkeit" der V. CM im einzelnen darlegte.

Offenkundig wurde, daß dem ersten Standpunkt die cartesianische Idee der apodiktischen Begründung des Wissens zugrunde liegt; es geht dabei um eine transzendentale Reduktionsmethode, die meine eigene Monade bestimmen und von da aus das transzendentale ego und seine Beziehung zum transzendentalen Anderen aufdecken soll. Den zweiten Standpunkt bestimmt das Bestreben, die Motivation der Fremderfahrung aufzuweisen; dabei handelt es sich nicht um die ‚philosophische' Motivation, sondern um die „Motivationslinien der natürlichen Einfühlung". Wenige Monate nach Beendigung der V. CM, im Oktober/November 1929, sieht Husserl selbst sehr deutlich den Unterschied zwischen beiden Operationen (Hua XV, Beilage I, S. 50 ff.). Bei dieser Gelegenheit kennzeichnet er den ersten Standpunkt mit den Bezeichnungen „primordinale Reduktion" und „primordinale Welt" und den zweiten mit „solipsistische Reduktion" und „solipsistische Welt".

Jahre später, in einem Text vom Januar 1934, bezieht sich Husserl erneut auf dieses Problem, und zwar mit der Wendung „Doppeldeutigkeit der Primodialität" (Hua XV, Text Nr. 36, 634 ff.). Im ersten Fall nimmt das primordiale ego „die Bedeutung der urmodalen Monade an, in welche die urmodale Einfühlung mitaufgenommen ist, so wie in der Selbstentfremdung, also in den fremden Monaden“ (Hua XV, 635). Den zweiten Fall verdeutlicht Husserl bei der Betrachtung desjenigen Problems, das sich einer Theorie der Einfühlung stellt:

„[...] es handelt sich um Aufklärung der in der Seinsgeltung der Anderen beschlossenen Geltungsfundierung. Danach ist Abscheidung des primordialen Feldes Absehen von den Einfühlungen, die Methode, sichtbar zu machen, daß die so reduzierte (‚primordiale‘) Bewusstseins- bzw. Seinssphäre fundierend ist, daß sie fungiert als Motivationsträger für die Einfühlung.“ (Ebd.)

3. *Der philosophisch-reflexive Aufweis des transzendentalen Anderen*

Soll genau gezeigt werden, wie Husserl in der V. CM die philosophisch-reflexive Grundlegung des transzendentalen Anderen entwickelt, so wird man insbesondere auf die ‚doppelte Reduktion‘ zu achten haben, mit deren Hilfe Husserl die Intersubjektivität in der transzendentalen Sphäre aufweisen konnte. Der Bereich, den Husserl jetzt analysiert, gibt parallel dazu Antwort auf einen anderen Fragenkomplex der V. CM. Geht es dabei – wie Husserl es darstellt – wirklich nur um eine statische Analyse oder zeigen sich auch Aspekte der genetischen Phänomenologie? Orientiert man sich an der Sichtweise des ersten Ansatzes, der die Beziehung der eigenen Monade auf die fremden Monaden bestimmen soll, so verbleibt man in der statischen Analyse. Obwohl sich Husserl zu dieser Zeit tatsächlich schon mit dem zweiten Komplex von Fragen auseinandersetzte, so betrifft doch, wie zu erwarten ist, die allgemeine Intention der V. CM den ersten Fragenkomplex. Gerade in bezug darauf ist es Husserls erklärte Absicht, in diesem Zusammenhang nicht genetische Phänomenologie zu betreiben.

Die vom ersten Standpunkt aus durchgeführte Reduktion legte eine wesensmäßige Struktur der universalen Konstitution frei, „in der das transzendentale ego als eine objektive Welt konstituierendes dahinlebt" (Hua I, 125). Was ist genau dasjenige, das aufgrund der Anwendung dieser methodischen Abstraktion ausgeschlossen werden soll? Es gilt darauf zu achten, auf welche Weise der Andere als ein den Sinn von Welt mitbestimmendes Moment hier schon impliziert ist; Husserl kommt es darauf an zu zeigen, wie er als dieser implizierte ausgeschlossen werden kann: Aller Sinn von Mensch, von Animalität überhaupt, ebenso der Kulturprädikate und aller fremder Geistigkeit soll als dasjenige eingeklammert werden, was den hier in Frage stehenden spezifischen Sinn des Fremden konstituiert. Das, was als Mir-Eigenes umschrieben ist, umfaßt die ganze Intentionalität, somit auch diejenige, die fremdes Sein und Bewußtsein indiziert. In ihrem Fall ist jedoch ihr synthetisches Produkt, die effektive Wirklichkeit des Fremden für mich, eingeklammert; als Korrelat einer kontinuierlichen und einstimmigen Erfahrung verbleibt ihr eine einheitliche Schicht des Phänomens Welt. Es taucht eine Unterschicht auf, die die meiner eigenen Natur ist, worin ich meinen Leib finde, den einzigen, aufgrund dessen ich Erfahrungen von Empfindungsfeldern habe. Die Ausschaltung des Fremden – als Ergebnis der durchgeführten Reduktion – läßt das Bewußtseinsleben meines Ich unter Einschluß meines welterfahrenden Lebens und meiner realen und möglichen Fremderfahrung intakt.

„Es gehört also in mein seelisches Sein hinein die gesamte Konstitution der für mich seienden Welt, und in weiterer Folge auch deren Scheidung in die konstitutiven Systeme, die Eigenheitliches und die Fremdes konstituieren. Ich, das reduzierte *Menschen-Ich* (psychophysische Ich), bin also konstituiert als Glied der *Welt*, mit dem mannigfaltigen *Außer-mir*, aber ich selbst in meiner Seele konstituiere das alles und trage es intentional in mir.“ (Hua I, 129)

Husserl spricht in diesem Zusammenhang der „das Fremde konstituierenden Systeme“ auch von „ausgezeichneter Intentionalität“ (Hua I, 125). Mit diesem Attribut unterstreicht er jene überraschende Gegenwärtigkeit, mit der das wahrhaft Transzendente in meiner Immanenz erscheint, jenen neuen Seinssinn, der über meine eigenheitliche Intentionalität hinauszielt. Husserl benutzt hier ein im Verlauf seines Denkens mehrfach wiederkehrendes Begriffsbild, um dieses transzendentale Phänomen der Präsenz des Anderen in mir zu enthüllen: Er spricht von dem sich in meinem eigenen Ich spiegelnden Anderen. Husserls Absicht ist es, den Sinn dieses Sichspiegelns explizit zu machen.
Zu den von Husserl im Bereich des Mir-Eigenen hervorgehobenen positiven Elementen zählt in erster

Linie die Erfahrung meiner selbst: Selbstwahrnehmung und Selbstexplizierung des eigenwesentlichen Seinshorizontes, der eigenen lebendigen Gegenwart; es gehören dazu auch der intentionale Gegenstand als immanente Transzendenz und die primordiale Welt. Mit den Mitteln dieses Eigenen konstituiert das transzendentale ego „die *objektive* Welt, als Universum eines ihm fremden Seins, und in erster Stufe das Fremde des Modus alter ego" (Hua I, 131).

Husserl rechtfertigt diesen Sinn von objektiver Welt im Bereich des Mir-Eigenen, insofern er zeigt, daß diesem Bereich nicht nur die Aktualitäten und Potentialitäten meines Erlebnisstroms angehören, sondern auch die konstitutiven Systeme und die konstituierten Einheiten, nicht nur die als immanente Temporalitäten wahrnehmbaren Daten, sondern auch die transzendenten Objekte der äußeren Sinnlichkeit, also eine Natur und eine organische Körperlichkeit, die sich als räumlich-objektive Einheit konstituiert. In Konsequenz dieser Entdeckung kann Husserl sagen, „[...] daß in diese Sphäre die gesamte von uns früher durch Ausschaltung der Sinneskomponenten des Fremden reduzierte *Welt* gehört und daß sie somit rechtmäßig zum positiv definierten konkreten Bestande des ego als ihm Eigenes zu rechnen ist" (Hua I, 134).

Der Nachweis der Ursprünglichkeit äquivalenter Anwesenheit des Anderen in der primordialen Sphäre erstreckt sich auf die Erhellung von Themen, die Husserl jedoch an anderer Stelle eingehender behandelt hatte. Es sind dies das Thema des alter ego mit dem Bild des Spiegels als Explizierung der Beziehung von ego und alter ego sowie die Probleme der ‚Welt als Index' und der erwähnten Ausweitung des transzendentalen Feldes durch die doppelte Reduktion.

a. Das alter ego

Die Frage nach der Konstitution des alter ego zu beantworten, heißt, darüber Auskunft zu geben, wie das transzendentale ego in seiner primordialen Sphäre über sich hinaus gehen und das transzendentale ego des Anderen konstituieren kann. Dieser Standpunkt berücksichtigt nicht den Bereich der Wahrnehmung, der Empfindung und des damit verbundenen Empfindungsvermögens, die vorläufig nicht thematisiert werden.
Husserls Theorie der transzendentalen Konstitution des Anderen hat Kritik namhafter Autoren evoziert. So formulierte Merleau-Ponty:

> „Für Husserl gibt es bekanntlich sehr wohl ein Problem des Anderen, ist das *alter ego* ein beunruhigendes Paradox. Ist der Andere, über sein Für-mich-sein hinaus, wahrhaft ein Sein-für-sich, und sind wir wirklich einer für den anderen [...], so muß der eine dem anderen zu erscheinen vermögen, muß er und muß ich ein Äußeres haben, muß es außer der Perspektive des Für-sich – meines Blickes auf mich und des Anderen Blickes auf sich – eine Perspektive des Für-Andere geben – die meines Blickes auf den Anderen und des Blickes des Anderen auf mich."[16]

Diese Kritik Merleau-Pontys fordert gegenüber dem ersten transzendentalen Ansatz der V. CM den zwei-

---

[16] M. Merleau-Ponty, Phänomenologie der Wahrnehmung, aus dem Französischen übersetzt von R. Boehm, Berlin 1966, 9.

ten, den der Konstitution des weltlichen Anderen, ein. Aufgrund unserer bisherigen Vorgehensweise, die zwei Ansätze in Husserls Problemstellung herausarbeitete, ist der Einwand des Mangels an Differenzierung gegenstandslos geworden. Wir werden versuchen, die Möglichkeit des transzendentalen alter ego in einer Weise zu explizieren, daß es seinen paradoxen Charakter verliert.[17] Husserl selbst wies schon auf dieses Problem hin und war bemüht, es in seinen Teilaspekten zu lösen. Es geht darum, den Sinn von ‚alter ego' aufzuklären.

Husserl merkt an, daß die Ausschaltung allen Fremdsinnes zu einem entscheidenden Ergebnis führt: Die Sphäre des Mir-Eigenen weist noch *alle* Weisen der Intentionalität auf, darunter auch jene Intentionalität, die über die Sphäre des Mir-Eigenen hinauszielt, ohne aber wie erwähnt die effektive Wirklichkeit des Anderen in mein primordiales Sein hereinzuholen.

Hierbei geht es noch nicht um die körperliche Präsentation des Anderen, das alter ego ist noch nicht der andere Mensch. Besitzt das transzendentale ego unendlich viele intentionale Möglichkeiten, so ist es eine besondere Weise der Intentionalität, die das alter in mir intendiert. Husserl beginnt deren Analyse mit der Bemerkung, daß das alter ego sich in mir spiegelt. Dieses Sichspiegeln darf nicht im gewöhnlichen Sinn verstanden werden, so wie auch die Rede, das alter ego sei mein Analogon, nicht auf gewöhnliche Weise

---

[17] Neben den oben zitierten Angaben bei Kern siehe auch M. Frings, Husserl and Scheler: Two Views on Intersubjectivity, in: Journal of the British Society for Phenomenology 9 (1978) 143–149.

aufgefaßt werden darf. Um dies zu verstehen, können wir nicht auf das noematisch Konstituierte zurückgreifen; das alter ego erscheint genau so, daß es auf sich selbst verweist. In diesem Sinne gibt M. Frings einen Hinweis, der dem Verständnis dieses Problems förderlich ist: Diese transzendentale Sachlage verbindet sich mit dem Problem von Identität und Differenz. Es geht um die Frage, ob Identität Sinn hat aufgrund von Differenz, mit Frings Worten, „the factor of difference being the sine qua non for there being identity of an entity",[18] oder ob umgekehrt Identität die conditio sine qua non für Differenz darstellt. Wenn Husserl auch die Intentionalität des alter ego eine „ausgezeichnete" nennt, so behauptet er damit nicht ihre Priorität. Im Leben seiner unendlich vielen intentionalen Möglichkeiten intendiert das ego, als Subjekt aller seiner Konstitutionen, auch das alter. Bezüglich des Ganzen der Husserlschen Intersubjektivitätskonzeption erscheint es angemessen festzustellen: „The alter-intentionality of the transcendental *ego* is *simultaneous* with the transcendental flux." Die ‚Priorität' im hier angeführten Sinn bezieht sich nicht auf eine temporale Sukzession, sondern auf eine Spannung im Innern des transzendentalen ego selbst, auf eine bipolare Intentionalität, ohne die das ego nicht wäre, was es ist.

---

[18] M. Frings, a. a. O. 145.

b. Die Welt als Index

Führt Husserl die methodische Abstraktion von aller fremden Geistigkeit derart durch, daß das, was die Umweltlichkeit ausmacht – ihr Charakter der Geltung ‚für jedermann' (Hua I, 127) und damit ihr objektiver Sinn, der jedes Seiende der phänomenalen Welt betrifft –, ausgeschaltet wird, so könnte man meinen, daß damit die Welt selbst verloren geht. Doch eine ihrer Schichten besteht fort. Ich kann mir diese Schicht vergegenwärtigen, ohne effektive, wirkliche Erfahrung von Anderen und der objektiven Welt als Erfahrungssinn, dessen Konstitution von ihnen abhängt, zu haben. In dieser Schicht erscheint eine eigenheitliche ‚Natur' (die nicht die Natur der Naturwissenschaften ist), eine ‚bloße Natur', die den Sinn des ‚für jedermann' verloren hat. Unter den Körpern dieser Natur finde ich in ausgezeichneter Weise meinen Leib, den einzigen, dem ich Empfindungsfelder zurechne und in dem ich selbst walte, dessen Kinästhesen „im *Ich tue* verlaufen und meinem *Ich kann* unterstehen" (Hua I, 128).

Husserl merkt jedoch an, daß die ‚Dinge' und das ‚psychophysische Ich' in diesem reduzierten Weltphänomen sich einander äußerlich gegenüberstehen und daß die auf meine Eigenheit reduzierte raumzeitliche Gestalt zu einem Teil dieser Welt wird. So zeigt sich eine überraschende Evidenzkette: Die Ausblendung des Fremden hat meine Erlebnisse der Welt nicht berührt, und mir gehört auch die Unterscheidung zwischen den Systemen an, die das Eigenheitliche und das Fremde konstituieren (Hua I, 127). Dies soll besagen, daß weder der transzendentale Andere noch die aus dem Zusammenspiel der vielfältigen konstitutiven Systeme sich ergebende Welt von dem ego abtrennbar sind. Husserl hebt dies ausdrücklich hervor, wenn er sagt: „Das Faktum der Erfahrung von Fremdem (Nicht-Ich) liegt vor als Erfahrung von einer objektiven Welt [...]" (Hua I, 136) Verschiedene Stellen der „Krisis"-Schrift (Hua VI, § 49f.) erhellen diesen Aspekt der Welt als Index oder als Leitfaden und verdeutlichen den Bezug zu den weltkonstituierenden Systemen:

„Alle Stufen und Schichten, durch welche die intentional von Subjekt zu Subjekt übergreifenden Synthesen verflochten sind, bilden eine universale Einheit der Synthesis, durch sie kommt das gegenständliche Universum, die Welt, als die und so wie sie konkret lebendig die gegebene ist (und die für alle mögliche Praxis vorgegebene), zustande." (Hua VI, 170f.)

In seiner Untersuchung des Problems des Ich zitiert E. Marbach ein Manuskript, das diese Sichtweise auf den Punkt bringt. In diesem Text hebt Husserl die fließende Einheit hervor, die ein absolutes Ich mit einem anderen absoluten Ich verbindet:

„In der zum Wesen jedes absoluten Ich [...] gehörigen Notwendigkeit: eine Welt logisch zu setzen [...] als eine Welt, welche allen psychischen Individuen gemeinsam ist; darin liegt, dass alle absoluten Ich so in Beziehung stehen, dass sie dieselbe Verbindlichkeit haben und dass sie nicht jeder eine andere Welt setzen können, sondern *eine allen gemeinsame Welt*."[19]

---

[19] Ms. B I 4; zitiert von E. Marbach, Das Problem des Ich in der Phänomenologie E. Husserls, Den Haag: M. Nijhoff 1970, 80.

c. Die doppelte Reduktion

Die letzte Frage, die sich hier bezüglich der möglichen Aufweisbarkeit des transzendentalen Anderen in meinem ego stellt, gilt dem methodischen Verfahren, das Husserl „doppelte Reduktion" nennt. Es handelt sich um Husserls Sichtweise derjenigen Erfahrung, die die intentionale Sinnstiftung desjenigen Eigenseins ermöglicht, das nicht das meine ist. Die Anwendung der doppelten Reduktion führt zur Phänomenologie der Vergegenwärtigungen, welche sich als Bedingung der Möglichkeit der Erfahrung des alter ego darstellen. Dieser Ansatz ist im Rahmen der statischen Analyse tragfähig, aber de jure ist er auch auf den Hintergrund der genetischen Analyse angewiesen.

Wenn Husserl das transzendentale Feld auf die Intersubjektivität ausdehnt, hat er, wie er selbst sagt, den streng cartesianischen Ausgangspunkt verlassen. In der punktuellen Gegenwart der Wahrnehmung des ego ist eine absolute Gegebenheit nicht zu erlangen, da sich das Gegenwärtige als Horizont stets über das genuin Wahrnehmbare hinaus ausdehnt. In einer Randnotiz, in der Husserl die Gegebenheit im Kontext der Konstitutionsproblematik als unbezweifelbaren Ausgangspunkt ansetzt, räumt er frühzeitig ein,[20] daß man, setzt man gegenwärtige und vergangene cogitata als existierend, noch nicht weiß, mit welchem Recht diese Setzung über das immanente Sein,

---

[20] Ms. B II 1, 37 a, Randbemerkung (September 1908); zitiert von E. Marbach, a. a. O. 81.

das in der adäquaten inneren Wahrnehmung absolut gegeben ist, hinausreicht. Dies stellt sich ihm als „eine Lücke“ dar.

In den Vorlesungen von 1910/1911 („Grundprobleme der Phänomenologie“) schließt Husserl diese Lücke dadurch, daß ihm die Entfaltung des intentional Implizierten gelingt, indem er den Bereich des Reduzierten bis zur Einbeziehung der Intersubjektivität erweitert (Hua XIII, 183ff.). Der Kern dieses Problems, das schon in der „Vorbereitung zum Kolleg 1910/1911“ (Hua XIII, 77ff.) anvisiert wird, liegt in der Explikation dessen, was in den Vergegenwärtigungen impliziert ist, einer Explikation, die Einfühlung und Erinnerung parallel setzt.

In den Vorlesungen macht Husserl darauf aufmerksam, daß nicht nur das in der wahrnehmenden Reflexion direkt erfaßte eigene Bewußtsein sowie die Erinnerung an früheres eigenes Bewußtsein, sondern auch das erinnerte Bewußtsein Gegenstand sein kann; gegenwärtiges und vergangenes Bewußtsein werden beide vom aktuellen Gegenwärtigen getragen. Etwas Vergleichbares geschieht mit der Einfühlung, die einen fremden Bewußtseinsfluß in der Art meines eigenen Flusses präsentiert, doch zugleich so, daß er nie mit meinem Fluß kongruent werden kann. So dehnt Husserl das phänomenologische Feld vom aktuellen eigenen Bewußtsein auf das Fremdbewußtsein aus; Vergegenwärtigungen des Fremden und die korrelativen gegenwärtigenden Akten erachtet er zwar als ursprünglich Gegebenes bzw. Gebendes, jedoch zugleich als solches, das der absoluten Unbezweifelbarkeit entbehrt.

Diejenige Intentionalanalyse, die die Konstitution der objektiven Gegebenheiten erhellen will, richtet sich auf das eigene Bewußtsein mit dem in der Einfühlungserfahrung gegebenen Fremdbewußtsein. Die Einfühlungserfahrung ist eine Vergegenwärtigung, die mit der Methode der doppelten Reduktion greifbar wird. Die doppelte Reduktion kann auf alle Vergegenwärtigungsakte angewandt werden und enthüllt in ihnen das Phänomen des doppelten Bewußtseins: im Fall der Erinnerung aktuelles und vergangenes, bei der Einfühlung eigenes und fremdes Bewußtsein. Konsequent entwickelt Husserl die Theorie der doppelten Reduktion im zweiten Band der „Ersten Philosophie" (Hua VIII, 82 ff., 132 ff., 157 ff.).[21] Dort stellt er besondere Überlegungen über die Erinnerung an, die ihm in einer doppelten Weise transzendental erscheint. Einerseits stellt sich das ‚ich erinnere (mich)' als mein aktuelles Erleben dar, andererseits wird in ihm z. B. mein gestriger Spaziergang vergegenwärtigt, so daß ich ein Zweifaches habe: mein gegenwärtiges Erlebnis des Micherinnerns und die Erinnerung an mein vergangenes Leben. Jede Erinnerung erlaubt eine doppelte Reduktion und die Enthüllung eines doppelten Bewußtseins. Wenn ich in der Folge meiner Erinnerungen zurückschreite, sehe ich phänomenologisch, „daß mein transzendentales Leben kontinuierlich in eine endlose Vergangenheit zurückreicht" (Hua VIII, 86).

Ähnliches liegt bezüglich der Zukunft vor. Das Erwarten ist weder ein wirkliches Sehen noch ein Analogon

21 Siehe auch Iso Kern, Husserl und Kant, a. a. O. 207 f.

zum Erinnerungsschema dergestalt, daß es ein ‚Wieder-vor-sich-Sehen' gäbe. Doch auf das Vor-Erwartete kann ebenfalls die doppelte Reduktion angewandt werden, und man würde dann ein ‚doppeltes' Transzendentales finden: einerseits die Erwartung als transzendentales Erlebnis und andererseits in ihr eingeschlossen das Erwartete selbst. Jedes Gegenwärtige weist einen kontinuierlich sich wandelnden Horizont nach zwei Richtungen auf: einen unendlichen Horizont des transzendental Vergangenen und einen offenunendlichen Horizont des transzendental Zukünftigen (Hua VIII, 85 f.). Erinnerung und Erwartung unterscheiden sich von einer absoluten Gegebenheit, soweit beides Vergegenwärtigungen sind. Ähnliche Züge muß nun auch die Einfühlungserfahrung aufweisen, wenn die doppelte Reduktion durchgeführt ist. Einerseits stellt sich die Einfühlung in sich selbst dar, wenn sie in phänomenologischer Wahrnehmung gegeben ist: Ich habe diese Erfahrung, die ich Einfühlung nenne. Andererseits ist sie Erfahrung von einem anderen, eingefühlten Bewußtsein. Anders gesagt: Die Phänomenologie der Vergegenwärtigungen zeigt Akte auf, von denen zu sagen ist: „Die Akte, [...] bergen in Gestalt intentionaler Implikation wieder Akte in sich [...]" (Hua VIII, 134)[22]

Das Ich, das sich erinnert, gehört im Gegensatz zum Ich der erinnerten Vergangenheit nicht selbst zum intentionalen Inhalt des Erinnerungsaktes: Sich er-

---

22 In der „Krisis" findet sich die Beschreibung einer ähnlichen Erfahrung, obwohl sie dort nicht doppelte Reduktion genannt wird (vgl. Hua VI, 189).

innerndes und erinnertes Bewußtsein sind nicht ein und dasselbe. Um was es hier geht, ist das Phänomen der Verdoppelung des Bewußtseins; evozierendes Bewußtsein und darin evoziertes, in der Erinnerung vergegenwärtigtes Bewußtsein sind auseinanderzuhalten. Bei der Einfühlungsvergegenwärtigung ist mir das leibhafte Dasein des alter ego gegeben. Wenn ich den fremden Leib durch „Paarung“ mit meinem eigenen Leib, wie Husserl sagt,[23] apperzipiere, das heißt durch assoziative Verschmelzung des Sinnes ‚fremder Körper‘ mit dem Sinn ‚ähnlich meinem Leib‘ den Sinn ‚fremder Leib‘ konstituiere (Hua I, 142), so ergibt sich für mich eine „ursprüngliche Anzeige“ der Verwobenheit meiner Psyche mit meinem Leib; und dies „motiviert ursprünglich eine vergegenwärtigende Funktion, eine Anzeige eines ähnlichen Seelischen [...] Die eigenartige intentionale Struktur dieser Wahrnehmungsart, die ein Hauptstück ihrer Leistung einer Vergegenwärtigung verdankt, fordert ein Ich und doch nicht mich selbst als impliziertes Subjekt; sie schafft mir das Bewußtsein: ein anderes Ich ist mir gegenüber, und ohne das wäre das Wort ‚anderes Ich‘ oder ‚Nebenmensch‘ für mich ein Wort ohne Sinn.“ (Hua VIII, 135)
Um dieses im ersteren implizierte zweite Bewußtsein sichtbar zu machen, ist es notwendig, eine zweite Reduktion durchzuführen. Die erste Reduktion enthüllt das agierende Ich; wenn in ihm eine zweite

23 Paarung „ist eine Urform derjenigen passiven Synthesis, die wir gegenüber der passiven Synthesis der *Identifikation* als *Assoziation* bezeichnen“ (Hua I, 142).

Reduktion durchgeführt wird, so erscheint das zweite Bewußtsein, das dieses Mal nicht wie im Falle der Erinnerung durch zeitlichen Abstand gekennzeichnet ist, sondern die Zeitlichkeit mit meinem gegenwärtigen Aktbewußtsein teilt. In der Einfühlungserfahrung erscheine ich mit dem Anderen als koexistierend mit der folgenden Besonderheit: „Demnach kann ich einen Anderen erfahren als jemand, der selbst wieder einen Anderen in diesem Modus des ‚anderen' *alter* erfährt [...]" (Hua VIII, 136) Außerdem gilt – und dies bildet einen Teil dessen, was Husserl veranlaßt, die Einfühlung als einen ‚merkwürdigen' Akt zu bezeichnen –, daß „ich selbst als dieser zweite miterfahren bin und diese mittelbare einfühlende Erfahrung sich mit meiner Selbsterfahrung deckt" (Hua VIII, 137).

Die doppelte Reduktion hat die reziproke Existenz des einen für den anderen aufgedeckt und die Einfühlungserfahrung aufgrund ihres Vergegenwärtigungscharakters legitimiert. Husserls hier nachgezeichnete Darlegung von Implikationen erlaubten es ihm, die Intersubjektivität in den transzendentalen Bereich einzubeziehen.

An dieser Stelle ist auf ein Problem hinzuweisen. Die doppelte Reduktion, die den Anderen als transzendentalen Anderen sichtbar werden läßt, wird in der V. CM nicht erwähnt. In der ersten Fassung der CM stellt Husserl fest: „Zugleich ist evident, daß in dieser Auslegung, die ich in der transzendentalen Reduktion als transzendentales *ego* vollziehe, ich notwendig auf die Anderen als *transzendentale Andere* komme [...]" (Hua XV, 16; Hua I, 175) Kern merkt an, daß Husserl hier auf die die Naturerfahrung des Anderen aufdekkende Analyse anspielt, daß dies aber nicht der Weg sein kann, auf dem eo ipso der Andere als transzendentaler Anderer zugänglich wird. Um dies zu erreichen wäre eben jene Methode der doppelten Reduktion erforderlich, die Husserl schon in den Vorlesungen von 1910/1911 und im zweiten Band der „Ersten Philosophie" angewandt hatte. Von Husserls Standpunkt aus ist es klar, daß dieses Vorgehen den transzendentalen Anderen im Bereich des transzendentalen ego aufweist, unter Absehung von jedwedem ontisch-noematischen Leitfaden, durch die ausschließliche Berücksichtigung der transzendental reinen Erlebnisse. Hingegen wäre zu fragen, ob sich nicht schon in der mundanen Erfahrung, die ich vom Anderen mache, dieser sich als transzendentaler Anderer erweisen kann. Diese Frage soll im Verlauf unserer Untersuchung beantwortet werden.

Die doppelte Reduktion ist strenggenommen nur die doppelte Anwendung der Reduktion, die zwei- und mehrfach, je nach den in Betracht gezogenen Sphären, durchführbar ist. Die doppelte Reduktion ist aufgrund der intentionalen Implikation möglich. Auf eine solche intentionale Implikation beziehen sich mehrere Texte Husserls. In der „Krisis" zum Beispiel wird auf das „Geflecht der Geltungen" (Hua VI, 153; Hua VIII, 153) verwiesen. Insbesondere im zweiten Band der „Ersten Philosophie" (Hua VIII, 434) findet sich eine Textstelle, der eine Schlüsselstellung für dieses Problem zukommt und in der die doppelte Reduktion ausdrücklich auf die intentionale Implikation bezogen wird. Dort taucht der Begriff der

„‚Induktion‘ auf ‚fremdes‘ Seelenleben“ (Hua VIII, 435) auf, der insofern von zentraler Bedeutung ist, als die ‚Induktion‘ für Husserl das universale Charakteristikum der Erfahrung darstellt. Ist meine Vergegenwärtigung als aktueller Vollzug eingeklammert, wird eo ipso auch all das in Klammern gesetzt, was sie impliziert: Gegenwärtigungen (Wahrnehmungen) und Vergegenwärtigungen (Einfühlungen). Auf diese Weise erlangt Husserl die Berechtigung, auch die Erlebnisse, die den Anderen vergegenwärtigen, zu inhibieren, das heißt, sie in ein Phänomen zu verwandeln. Die Antwort auf die Frage nach dem quid juris der doppelten Reduktion im Fall der Einfühlung oder auch danach, wie Husserl das alter ego zum Phänomen der Phänomenologie werden läßt, liegt somit in letzter Instanz in der intentionalen Implikation, das heißt in der Horizontintentionalität.

Zusammenfassend ist zu sagen: Wird das Ich auf seine Eigenheitssphäre zurückgeführt, die auch diejenigen Erlebnisse, die den Anderen vergegenwärtigen, miteinbegreift, so bleibt mit der primordialen Welt auch ‚dieselbe Welt für alle‘ im Sinne des ‚Seins für jedermann‘ erhalten, die Welt von jenen alter ego, auf die die Reflexion im ego stieß. Als Bedingung der Möglichkeit für die Einfühlungserlebnisse zeigte sich die Vergegenwärtigungsleistung, die im reduzierten Bewußtsein implizit beschlossen ist und durch die doppelte Reduktion explizit gemacht wird. Um diesen Gedanken als generelle Intention der V. CM zu entfalten, hält sich Husserl dort an die statische Analyse.

III. Genetische Phänomenologie

In diesem Kapitel soll der Problematik der Intersubjektivität in Hinblick auf den doppelten Gesichtspunkt, der sich in der V. CM zeigte, weiter nachgefragt werden. Wenn Husserl die Leistungen aufklären will, die die ontisch-natürliche Gegebenheit des Anderen konstituieren, operiert er – wie er ausdrücklich sagt (Hua I, 138, 141)[24] – mit der genetischen Analyse. Das ego des Phänomenologen verbleibt bei der genetischen wie schon bei der statischen Analyse im Bereich seines intentionalen Lebens, wo sich jeder Seinssinn aufgrund seiner konstitutiven Synthesen in einstimmigen Systemen der Bewährung gibt. Husserls zentrales Thema seiner Analyse der Konstitution von Seinssinn ist die Apperzeption, die ‚Analogie' ist und genetisch verstanden werden muß.

Jedes Objekt unserer Alltagswelt, dessen Sinn und Horizont wir gerade erfassen, ist Produkt einer Apperzeption, die intentional auf eine Urstiftung zurückverweist, in der sich zum ersten Mal ein Gegenstand dieses oder eines ähnlichen Sinnes konstituierte. Auch nicht bekannte Dinge sind ihrem Typus nach bekannt, das heißt, daß jede Alltagserfahrung die Mög-

---

[24] Die genetische Analyse wird auch deutlich im Beispiel vom Kind und der Schere (Hua I, 141).

lichkeit einer auf einen neuen Fall anwendbaren analogisierenden Übertragung eines irgendwann zum ersten Mal gestifteten Sinns in sich birgt. Bei der Dingkonstitution bereitet die Aufhellung dieser Leistungen keine Schwierigkeit. Wenn die Sinnstiftung jedoch den Sinn des alter ego betrifft, geht es um eine andere Art von Konstitutionsleistungen.

A. Die Motivation der Erfahrung des weltlichen Anderen

1. Der zweite Sinn von primordial

Um das Motivationsfundament jener analogisierenden Apprehension freizulegen, die den Sinn ‚anderer Leib' konstituiert, vollzieht Husserl eine methodische Abstraktion von all dem, was den Anderen, den Fremden betrifft. Er macht jedoch nicht ausdrücklich darauf aufmerksam, daß hier – im Gegensatz zu dem, was bei der ersten Abstraktionsweise festgestellt wurde – das ego *nicht alle* seine Erlebnisse bewahrt. Die Erlebnisse, die den Anderen präsentieren, sind aus dem ego auszuscheiden, damit ein Anfang der Einfühlungserfahrung sichtbar und beschreibbar wird. In der V. CM wird eine primordiale Sphäre in einem zweiten Sinne abgehoben. Den Ausgangspunkt bilden hier nicht mehr meine Erlebnisse des Anderen; denn ich bin bei seinem Erscheinen als Körper dabei und beziehe seine sinnliche Manifestation, die bei der primordialen Sphäre im ersten Sinn ausdrücklich ausgeschlossen war, mit ein. Begeben wir uns in diese primordiale Sphäre, so gelangen wir in einen Wahrnehmungsbereich, in dem sich ein Körper präsentiert, der meinem ähnlich ist.

2. *Die Konstitution des weltlichen Anderen*

Es geht darum, eine einzigartige Erfahrung aufzuweisen. Darüber ist sich Husserl völlig im klaren, und er treibt seine Fragen bis an einen Punkt, wo er die Grenze zur Besessenheit streift. Wie er sich der Aufgabe unterwirft, Erfahrung von dem, was dem Ich essentiell fremd ist, von der ‚wahrhaften Transzendenz', zu erlangen – dokumentiert in seinen in einem Zeitraum von mehr als dreißig Jahren verfaßten Texten –, ist ein Beispiel philosophischer Selbstherausforderung, die in der Geschichte des Denkens ihresgleichen sucht. Der Andere ist Anderer, weil unbezweifelbar ist, daß er Erlebnisse hat, die nicht die meinigen sind. Wenn ich in meinem Bewußtsein seine Erlebnisse hätte, dann wären es meine und nicht die seinen, und er wäre ich. Wie kann ich den Anderen setzen, das Phänomen ‚Anderer' behaupten, wenn das einzige, das ich vor mir habe, sein Körper ist, den ich wahrnehme, und wenn dieser auf eine ähnliche Weise erscheint, in der ich den Baum oder das Haus wahrnehme? Ein qualitativer Abgrund trennt jene Wahrnehmung von dieser. Ich dürfte nicht mehr sagen als: ‚Ich sehe einen Körper, der dem ähnelt, den der Spiegel vor mir als den meinigen spiegelt.' Ich gehe jedoch darüber hinaus und stelle fest, daß jener Körper weder als einziger noch an sich so geartet ist, sondern daß es ein organischer Körper ist, ein ‚Leib', in dem eine Seele waltet, wie ich es in der Selbsterfahrung meines eigenen Leibes erfahre, der ebensowenig sich als ein nur im Spiegel reflektierter Körper darstellt; er erscheint vielmehr als ein Körper, der ganz der meinige ist.

Die Erfahrung, der diese ontisch-natürliche Gegebenheit des Anderen entstammt, ist die Einfühlung. Diese ist für Husserl ein immer wieder neu aufgegebenes Rätsel, zu dessen Auflösung er nicht Mut noch Geduld verliert. Erfahrung ist für ihn ursprüngliches Bewußtsein, und so besteht die Schwierigkeit darin, eine Erfahrung von jenem Bewußtsein aufzuweisen, das sich als ursprüngliches nur dem Anderen gibt. Diese Erfahrung beginnt mit meiner Wahrnehmung, daß ein Körper, der wie der meine beschaffen ist, vor mir erscheint. Husserl setzt hier mit einer Konstitutionsanalyse der Erfahrung des weltlichen Anderen ein. Die leitenden Fragen sind: Wie etabliert sich das ‚für-mich-da' des Anderen? Was motiviert die Einfühlung?

Im Anschluß an den § 49 der V. CM und nach Aufhellung der Beschaffenheit der in meiner Primordialität konstituierten objektiven Welt befragt Husserl die Schicht der objektivierenden Apperzeption, in der der Sinn des psychophysischen ‚Menschen' als Vorkommnis in der Welt konstituiert wird. Diese Schicht macht Husserl in Andeutungen schrittweise zugänglich. Er beginnt damit, daß er im § 43 auf die ontisch-noematische Gegebenheit des Anderen als Leitfaden verweist, der jedoch aufgegeben wird, sobald von der Sphäre des Mir-Eigenen im ersten Sinne abstrahiert wird. Im § 48 nimmt Husserl diesen Leitfaden an der

Stelle, an der er das Vermeinen des Fremden zum Problem macht, vorübergehend wieder auf. Diese Erfahrung hänge, so Husserl, von Enthüllungen, Bestätigungen oder Enttäuschungen ab, die auf dieselbe Erfahrung oder auf ähnliche Erfahrungen in der Bewußtseinsgenesis zurückverweisen. Ab dem § 50 werden schließlich die entscheidenden Gedanken entfaltet.
Für Husserl wird das schwierige Geschäft phänomenologischer Analyse durch nichts besser verdeutlicht als durch Freilegung und Erfassung des ontisch-noematischen Inhalts der Erfahrung des Anderen: Das hierbei Erfahrene ist ein wirkliches, weltliches Sein, zu erfahren als ein psychophysisches Objekt in der Welt. Doch gerade deswegen ist es als mundan Seiendes nicht in der Weise eines x-beliebigen einfachen Gegenstands: Ich erfahre es auch als ein solches, das gleichzeitig jene Welt und mich selbst in ihr erfährt, ich erfahre es als Subjekt für diese Welt.
Für Husserl bezeichnet die Gegebenheitsweise des Anderen eine erste Schwierigkeit bei der Aufklärung der Konstitution einer objektiven Welt. Bei diesem Ansatz ist die objektive Welt nicht eine unbezweifelbare Einheit, sondern ihre Geltung ist im Gegenteil problematisch und bleibt suspendiert – solange, bis es gelingt, eine Theorie der Intersubjektivität plausibel zu machen. Diese hätte zu zeigen, daß Ich und der Andere als psychophysische Wesen uns in der Welt befinden, daß einer für den anderen Mensch-in-der-Welt ist und daß seine Erfahrung von mir mein Wissen davon aufnimmt, daß ich solcherart als Weltwesen bin, so wie ich dies in meiner eigenen Erfahrung von ihm apperzipiere.

Husserls analysiert die Konstitution des weltlichen Anderen in folgenden Schritten: 1) das Erscheinen eines Körpers, der meinem ähnlich ist; 2) meine Erfahrung von meinem Leib; 3) die Paarung; 4) meine Als-ob-Erfahrung, Selbstentfremdung; 5) die analogisierende Apperzeption, die Wiederholungsstruktur und 6) die Möglichkeit der Verifikation.
Wir konturieren zunächst diese in der V. CM entwickelten Schritte der Analyse. Anschließend sollen die Einwände, die Klaus Held bezüglich dieses Ansatzes erhob, sowie Antonio Aguirres Erwiderung auf diese Einwände diskutiert werden.
Ich habe den Anderen ‚in Fleisch und Blut' vor mir. Damit die Vermittlung seiner Intentionalität möglich wird, muß es, so Husserl, in meiner primordialen Sphäre etwas geben, das ein ‚mit-da' repräsentierbar, das heißt den Anderen mit-gegenwärtig macht: eine Art von Appräsentation. Die Appräsentation beschrieb Husserl schon in der Analyse der Dingkonstitution: Das seitliche Profil eines Würfels ‚appräsentiert' sich mir, wenn ich ihn von vorne betrachte. Ich kann aber jederzeit um den Würfel herumgehen und die nur appräsentierte Seite in einer selbstgebenden Präsentation leibhaft erscheinen lassen. Dies ist unmöglich, wenn es sich darum handelt, fremdes intentionales Leben zu appräsentieren. Hier geht es um eine besondere Art der Vergegenwärtigung, die mit einer Gegenwärtigung, einer Selbstgebung im Modus des ‚leibhaft-da', verbunden ist.
Die Motivation für die Fremderfahrung muß in meiner primordialen Sphäre zu finden sein, so wie es schon das Wort ‚alter' anzeigt: Alter ist alter des ego,

das ich in meiner Einzigartigkeit als primordialer Mensch bin, als personales Ich, das in meinem Leib waltet und Wirkungen in meiner primordialen Umgebung hervorruft, Subjekt eines auf die Welt bezogenen intentionalen Lebens.

Der Körper des Anderen erscheint in meiner primordialen Natur, gehört zur Schicht immanenter Transzendenz in meiner Primordialität. In dieser Sphäre ist nur mein Körper für mich ursprünglich als Leib konstituiert. Wenn ich den erscheinenden Körper als anderen Leib auffasse, so kann dies nur aufgrund einer „apperzeptiven Übertragung von meinem Leib her" (Hua I, 140) erfolgen. Dieser Aufweis gibt sich nicht eigentlich als eine Wahrnehmung. Eigenschaften des fremden Leibes können, anders als im Fall meines eigenen Körpers, weder direkt wahrgenommen noch primordial aufgewiesen werden: „Es ist von vornherein klar, daß nur eine innerhalb meiner Primordinalsphäre jenen Körper dort mit meinem Körper verbindende Ähnlichkeit das Motivationsfundament für die *analogisierende* Auffassung des ersteren als *anderer Leib* abgeben kann." (Hua I, 140)

Bei dieser „analogisierenden Auffassung" handelt es sich um eine Apperzeption, doch um eine solche, die von der Dingapperzeption unterschieden ist. Es liegt hier ein Rückverweis auf eine Urstiftung vor, eine eigentümliche Beziehung auf einen schon bekannten Typus. Dieses Eigentümliche zeigt sich darin, daß hier „das urstiftende Original immerfort lebendig gegenwärtig ist, also die Urstiftung selbst immerfort in lebendig wirkendem Gang bleibt" (Hua I, 141 f.). Mit dieser Besonderheit verbindet sich für Husserl die Tatsache, daß ego und alter ego notwendig in ursprünglicher Paarung gegeben sind.

Im allgemeinen verläuft die Paarung wie die Assoziation; im besonderen weist sie jedoch das Merkmal auf, daß in ihrem Fall ein wechselseitiges lebendiges Evozieren und eine wechselseitige Deckung statthaben und als Folge davon sich „am Gepaarten Sinnesübertragung“ und auch „die Apperzeption des einen gemäß dem Sinn des anderen“ vollzieht (Hua I, 142). Vom Übertragenen ist aber nichts im Bereich meiner Eigenheit ursprünglich gestiftet.

Die Analyse darf an diesem Punkt nicht stehenbleiben. Das bis hierhin Entwickelte genügt noch nicht, um einsichtig zu machen, daß dem fremden Körper dort ein „seiender Gehalt psychischer Bestimmungen“ (Hua I, 143), die sich in meiner primordialen Sphäre nie als sie selbst zeigen können, zugesprochen werden kann. Es geht darum, die spezifische evidente Bewährbarkeit des in der Appräsentation Gegebenen, originaliter nicht Zugänglichen herauszustellen. Wie in allen Fällen handelt es sich auch hierbei um den Rekurs auf letzte bestätigende oder entwertende Erfahrungen, auf „synthetisch einstimmig verlaufende neue Appräsentationen“ (Hua I, 144), die ihrerseits durch den Motivationszusammenhang mit den Präsentationen meiner primordialen Sphäre Seinsgeltung besitzen.

Was ist es, das der fremde Leib als solcher ankündigt? Husserls Antwort lautet: nicht mehr als sein wechselndes, aber in sich stimmiges *Gebaren*, das eine physische Seite hat, die das Psychische appräsentiert. Könnte sich mir dieses Gebaren nicht in einer originären Erfahrung erschließen, so wäre ich nur mit einem Schein-Leib konfrontiert.

Die Bewährung wird für Husserl dadurch möglich, daß das Verstehen des spezifischen leiblichen Verhaltens des Anderen einen ersten bestimmten Gehalt umgrenzt: die Bewegungen seiner Hände, die etwas berühren oder anstoßen, oder seiner Füße, die vorwärts schreiten oder zurückweichen etc. Demnach bestimme ich das fremde ego als dasjenige, das diese Bewegungen hervorbringt und koordiniert. Die Bewährung findet statt, solange die Stilform der sinnlichen Prozesse, die mir primordial offenbar werden, mit derjenigen Stilform korrespondiert, die mir von meinem eigenen Leib her vertraut ist.

Das Fremde ist jenes, dessen appräsentierte primordiale Sphäre für mich nie selbstgegeben sein kann. Es ist ein Analogon meiner Eigenheitssphäre, insofern es seinem Sinn gemäß als „intentionale Modifikation [...] meiner primordinalen Welt" auftritt: Die analogisierende Modifikation präsentiert den Anderen mit seiner primordialen Welt als konkretes ego, oder auch, wie Husserl sagt, „es konstituiert sich appräsentativ in meiner Monade eine andere" (Hua I, 144).

Mit seinem „lehrreichen Vergleich" (ebd.) mit der Erinnerung im § 52 berührt Husserl ein Thema, von dem gesagt wurde, daß seine Behandlung in der V. CM hinter das Problemniveau in anderen Texten zurückfalle (vgl. Hua XV, XX f.). Tatsächlich entfaltet Husserl an diesem Punkt nicht die doppelte Reduktion, wie man es erwarten könnte, sofern er dieselben Phänomene beschreibt: „Wie meine erinnerungsmäßige Vergangenheit meine lebendige Gegenwart tran-

szendiert als ihre Modifikation, so ähnlich das appräsentierte fremde Sein das eigene [...]" (Hua I, 145)
In der Erinnerung wie in der Einfühlung ist das Modifikat ein Korrelat derjenigen Intentionalität, die sie konstituiert. In beiden Fällen treten Vergegenwärtigungen auf. Solange es sich um Vergegenwärtigungen in meiner Eigenheitssphäre handelt (im Fall der Erinnerung), zentrieren sich diese im eigenen Ich. Geht es um solche Appräsentationen in meiner Eigenheitssphäre, in denen sich ein fremdes ego konstituiert, liegen Vergegenwärtigungen einer neuen Art vor, deren Korrelat „ein neuartiges *Modifikat*" ist, ein anderes Ich.

Husserl folgend ist es möglich, die noematischen Zusammenhänge, die die Möglichkeit einer transzendentalen Konstitution der objektiven Welt evident machen könnten, weiter aufzuhellen, und zwar so, daß dies gleichzeitig eine völlige Transparenz des phänomenologisch-transzendentalen Idealismus zur Folge hat. Dies führt zu einem der umstrittensten Punkte der Einfühlungstheorie: zur Erfahrung des *‚als ob ich dort wäre'*.

Die Gegebenheitsweise meines Leibes ist das Hier. Dieses Hier ist eine unaufhebbare, zentralisierende Position, die dem Anderen notwendig das Dort zuweist. Durch meine Kinästhesen kann sich das Orientierungssystem meines Hier ändern, ohne daß mein Leib seinen Charakter als Zentrum der Orientierung ‚hier' verlöre. Die räumliche Natur konstituiert sich in einer intentionalen Bezogenheit auf meine wahrnehmende Leiblichkeit. Meine Möglichkeit, „durch freie Abwandlung meiner Kinästhesen" (Hua

I, 146) jedes Dort in ein Hier zu verwandeln, bewirkt, daß ich meinen Leib wie jeden anderen physischen Körper, der sich im Raum bewegt, auffassen kann. Die Umkehrung dieses Ansatzes gibt die Gewißheit, daß mit jedem apperzipierten Ding die Erscheinungssysteme meines umständebedingten Hier korrelieren. Das gilt auch für die Systeme, die aus jedem Dort entspringen, das durch meine Positionsänderung in ein neues Hier verwandelt werden kann. Diese Überlegungen verknüpft Husserl mit der Problematik der Fremderfahrung.

Ich apperzipiere den Anderen nicht als Verdoppelung von mir selbst, sondern „mit den räumlichen Erscheinungsweisen, [...] wie ich sie selbst in Gleichheit haben würde, wenn ich dorthin ginge und dort wäre" (Hua I, 146). Der physische Körper, der für mich später zum Leib des Anderen werden wird, präsentiert sich zunächst in der Weise des Dort und wird als Leib des alter ego apperzipiert, mit der Indikation, die in seine eigene monadische Sphäre verweist, und der spezifischen Intentionalität seiner Gegebenheitsweise. Er erscheint mir in der Weise des Dort und paart sich nicht in direkter Assoziation mit der Erscheinungsweise ‚hier' meines Leibes: Seine Erscheinungsweise „weckt reproduktiv eine ähnliche, zum konstitutiven System meines Leibes als Körper im Raum gehörige Erscheinung. Sie erinnert an mein körperliches Aussehen, *wenn ich dort wäre.*" (Hua I, 147).

Husserl beschreibt nun den Vollzug einer assoziativen Paarung des fremden Körpers mit dem meinen zu einer synthetischen Einheit der evozierten Erschei-

nungsweise: Ich verleihe ich dem äußeren Körper dort ausgehend von meinem eigenen in analogisierender Übertragung den Sinn ‚Leib einer anderen primordialen Welt‘, und zwar immer durch Analogie mit dem, was sich in der meinigen präsentiert.
Zusammengefaßt läßt sich sagen, daß das, was diesbezüglich in meiner primordialen Welt erscheint, wohl psychisch, aber nicht meines ist. Das soll bedeuten, daß es sich mir präsentiert als etwas, das im fremden Leib als dem Zentrum seiner Welt waltet und mich selbst in dieser Welt in gleicher Weise betrachtet, wie ich es betrachte. Ich sehe es als Subjekt für diese Welt, insofern es mich seinerseits als Subjekt anerkennt. Das Erscheinen im Dort ist inkompatibel mit meinem Zentriertsein im Hier, solange beides gleichzeitig sich präsentiert. Die Erfahrung eines koexistenten ego als Resultat der Assoziation ist notwendigerweise appräsentierend, sie gibt ein „jetzt mitdaseiendes *ego* im Modus Dort (*wie wenn ich dort wäre*)“ (Hua I, 148), ein anderes ego. Die unverträgliche Koexistenz zweier primordialer ego im Hier und im Dort verliert ihre Inkompatibilität, wenn das Dort als der Ort des in meinem Hier appräsentierten anderen ego aufgefaßt wird.

3. Vergemeinschaftung der Monaden

Bei der Vergemeinschaftung der Monaden sind verschiedene Stufen zu unterscheiden. Vergemeinschaftung vollzieht sich zwischen meinem monadischen ego, das in und mit meinem Leib waltet, und dem monadischen ego des Anderen. Die erste Form der

intersubjektiven Gemeinschaft ist diejenige der in eins mit dem psychophysischen Ich konstituierten Natur. Darauf gründet die appräsentativ vermittelte fremde Subjektivität mit dem Sinn und der Geltung der eigenwesentlichen Subjektivität des Anderen. Jede Appräsentation setzt einen Kern von Präsentation voraus; im Fall der Fremderfahrung liegt eine durch Assoziation mit einer eigentlichen Wahrnehmung verbundene Vergegenwärtigung vor, die in der Weise einer Mitwahrnehmung mit jener verschmolzen ist: „Beide sind so verschmolzen, daß sie in der Funktionsgemeinschaft *einer* Wahrnehmung stehen, die in sich zugleich präsentiert und appräsentiert, und doch für den Gesamtgegenstand das Bewußtsein seines Selbstdaseins herstellt." (Hua I, 150)
Diese Wahrnehmung ist transzendent, insofern sie mehr als ein pures Selbst-da setzt, wie es auch im Fall jeder äußeren Wahrnehmung geschieht. Die Fremdwahrnehmung ist eine präsentierend-appräsentierende Wahrnehmung, deren nicht wahrgenommener und wahrnehmbarer Überschuß in ihr mit da ist, durch das Präsentierte mitappräsentiert wird. Daraus folgt, daß das Präsentierte und das Appräsentierte zur Einheit desselben *Gegenstandes* gehören müssen. Wir heben diesen Begriff hervor, um zu betonen, daß die Analyse hier das Sein des Anderen als Sein-in-der-Welt und nicht als sein Für-die-Welt-Subjekt-Sein erfaßt. Der Andere tritt hier als ein psychophysisches Seiendes, wie ich es bin, auf.
Husserl betont, daß der Körper des Anderen nicht wie ein bloßes Signal für sein Analogon (meinen Körper) von diesem isoliert bleibt. Ebensowenig ist er

abgesondert von meinem Leibbewußtsein: In meiner primordialen Sphäre erscheint ein natürlicher Körper, der das andere Ich vermittels Paarung mit meinem Leib und dem darin waltenden Ich appräsentiert. Appräsentiert ist das Walten des Anderen in jenem Körper dort und mittelbar dessen Walten in der Natur, die ihm wahrnehmungsmäßig erscheint und seine primordiale Natur ist. Sie ist dieselbe wie meine primordiale Natur, und doch unterscheidet sie sich hinsichtlich der Erscheinungsweise, welche Differenz sich folgendermaßen charakterisieren ließe: „[...] *wie wenn ich dort anstelle des fremden Leibkörpers stünde.*" (Hua I, 152).

Dies führt zur Gegebenheitsweise der eigenen primordialen Natur, die sich in der Ursprünglichkeit der Eigenheitssphäre konstituiert: in der Einheit der mannigfaltigen eigenen Gegebenheitsweisen. Diese Einheit verharrt bei Orientierungsänderungen identisch als Nullpunkt aller Orientierung, des Körpers im Hier. Bei der Appräsentation des Anderen zeigen sich dessen Systeme der Synthesis als dieselben wie die meinen, doch sozusagen im Modus des Dort. Das Dort markiert für mich die Wahrnehmungen des Anderen und die in ihnen wahrgenommenen Gegenstände, welche dieselben wie die von mir wahrgenommenen sind, aber ‚von dort aus'.

Husserl verwendet sehr viel Sorgfalt darauf zu zeigen, daß der Eigensinn der Appräsentation die Identifikation meiner primordialen Natur mit der vergegenwärtigten verhindert. In zahllosen Texten zielt er darauf ab, mit größtmöglicher Genauigkeit die Gedanken zu explizieren, die wir hier zusammengefaßt haben. Ein

Text von 1927 („Eigentliche und uneigentliche Fremdwahrnehmung") schließt mit diesem Ergebnis:

„*Vom Anderen gibt es also zweierlei Wahrnehmungen*: 1) das uneigentliche, *leerverstehende Wahrnehmen*, die *leere Appräsentation* des Anderen in leerer Weckung der zugehörigen Konstitution, wobei der blosse Körper wirklich wahrnehmungsmässig gegeben ist und nicht als Leib, 2) die *wirkliche Wahrnehmung* des Anderen als Anderen, nämlich die *erfüllte Appräsentation*, erfüllt durch den wirklich lebendigen konstitutiven Motivationszusammenhang." (Hua XIII, 479)

Es sind diese Ausführungen, die für Husserl die Rede von der Fremdwahrnehmung legitimieren und mit Bezug darauf die These von der Wahrnehmbarkeit einer objektiven Welt, was ebensoviel heißt wie: ‚Ich nehme wahr, daß der Andere dasselbe sieht wie ich', oder: ‚Ich sehe die Welt ebenso durch mich wie durch den Anderen konstituiert'. Diese Erfahrung findet in meiner primordialen Sphäre statt, in der eine Intentionalität appräsentiert wird, die meine eigene transzendiert. Husserl weist mit Nachdruck darauf hin, daß das, was ich sehe, nicht ein bloßes Analogon ist, sondern daß ich in Ursprünglichkeit den Körper des Anderen, der seinen Leib appräsentiert, in seiner psychophysischen Wirklichkeit erfasse. Die Gehaltsanalyse der Erfahrung einer objektiven Natur führt konsequent auf den „fremden Leibkörper, der sozusagen das an sich erste Objekt ist, wie der fremde Mensch konstitutiv der an sich erste Mensch ist" (Hua I, 153). Diese Feststellung besitzt weitreichende Konsequenzen für den Ansatz der Selbstwahrnehmung als Mensch.

Nach dem Dargelegten wird der Aufbau der Vergemeinschaftung in seinen verschiedenen Schichten verständlich: Mit den Gegenständen höherer Stufe geschieht das gleiche wie mit jedem natürlichen Gegenstand, das heißt, sie erhalten eine appräsentative Schicht, die sich hier aus den Weisen, den Anderen zu apperzipieren, aufbaut und sich mit dem in meiner primordialen Sphäre Konstituierten synthetisiert.
Im Schlußabschnitt des § 55, in dem die Konstitution der intersubjektiven Natur als erster Form der Objektivität schrittweise aufgedeckt wird, identifiziert Husserl die Urstiftung der Koexistenz meines Ich mit dem fremden Ich, der Koexistenz unserer intentionalen Leben, mit der Urstiftung einer gemeinsamen Zeitform. Diese Feststellung ist von besonderer Bedeutung, insofern hierauf gegründet „von selbst jede primordinale Zeitlichkeit die bloße Bedeutung einer einzelsubjektiven originalen Erscheinungsweise der objektiven gewinnt" (Hua I, 156).
Damit nähern wir uns einem Thema, das in Husserls letzten Schriften und in seinen Analysen zur Intersubjektivität zentrale Bedeutung erlangte. Die Verknüpfung von Intentionalsystemen, die intersubjektive Zeitlichkeit, zeigt sich darin, „wie die zeitliche Gemeinschaft der konstitutiv aufeinander bezogenen Monaden untrennbar ist, weil wesensmäßig mit der Konstitution einer Welt und Weltzeit zusammenhängend" (ebd.).

4. Der Sinn der Als-ob-Erfahrung

1972 publizierte K. Held unter dem Titel „Das Problem der Intersubjektivität und die Idee einer phänomenologischen Transzendentalphilosophie" einen Artikel, der zum einen die Schritte von Husserls Vorgehen expliziert und prüft, zum anderen eine Korrektur des Problemansatzes vorschlägt. Wir befassen uns hier mit dem ersten Aspekt. Im folgenden zeichnen wir pointiert Helds Gedankengang nach.

In einer ausführlichen Untersuchung der primordialen Sphäre greift Held die Momente auf, in die sich nach Husserl die Erfahrung des Anderen gliedert. Die Formel ‚wie wenn ich dort wäre' bildet für Held den Stein des Anstoßes dieser Theorie. Er faßt jene Momente in vier Punkten zusammen:

1) Mittels Paarung Erfassung des Körpers dort, der dem meinen ähnlich ist; 2) Apprehension meines Körpers und meines Leibes als Einheit; 3) Übertragung dieser Einheit auf den Körper dort. „Damit gewinne ich rein primordial ein Bewußtsein ‚wie wenn ich dort wäre'."[25] 4) „Das appräsentierende Bewußtsein ‚wie wenn ich dort wäre' motiviert durch eine bestimmte Regelung seiner Bewährbarkeit die Apperzeption eines fremden Leibkörpers, d. h. eines in jenem Dort als absolutem Hier fungierenden Anderen."[26]

---

[25] K. Held, Das Problem der Intersubjektivität und die Idee einer phänomenologischen Transzendentalphilosophie, in: Perspektiven transzendentalphänomenologischer Forschung, hrsg. von U. Claesges und K. Held, Den Haag: M. Nijhoff 1972, 34.
[26] Ebd.

Damit die Apperzeption des Mitsubjekts plausibel wird, muß, so Held, gezeigt werden können, daß das Bewußtsein von ‚wie wenn ich dort wäre' zur Übersteigung der Primordialität führt und daß die bestimmte Form der Bewährbarkeit dieses Bewußtseins es ist, die dieses Darüberhinausgehen motiviert. Für Held stellt das ‚wie wenn ich dort wäre' eine „kontaminierte Formel" dar, in der zwei Vergegenwärtigungsweisen verkoppelt sind. Das ‚wie' zielt auf ein fingierendes Bewußtsein, während das ‚wenn' Wirklichkeit impliziert, weil es sich mit Zeit, sei es Vergangenheit oder Zukunft, verbindet. Im ersten Fall handelt es sich um ein quasipositionales Bewußtsein, im zweiten um ein positionales. Wir referieren Helds Überlegungen weiter:

Ich kann mir zum einen vorstellen, daß der Körper dort ein Leib ist. Dabei begleitet mich jedoch die Überzeugung, daß dies eigentlich nicht der Fall ist. Es ist eine fiktive Vorstellung, ich vollziehe eine Quasiübertragung auf das Dort, doch strenggenommen verbleibe ich dabei in meinem Hier, das ich nur fiktiv nach dort übertragen habe, jenes gegenwärtige Dort ist eigentlich mein Hier. Dieser Erfahrung entspricht die Formel ‚wie wenn ich dort wäre'.

Mein Bewußtsein verfügt aber noch über eine andere Möglichkeit, sich in einem Selbst-dort-zu-sein zu vergegenwärtigen. Diese Möglichkeit ist an die Erinnerung, dort gewesen zu sein, oder an die Absicht, dort zu sein, gebunden, und sie besagt eine wirkliche Präsenz, mit der Einschränkung, daß ich in meinem aktuellen Hier gleichzeitig nicht wirklich dort sein kann. Das wird ausgedrückt, wenn man sagt ‚wenn ich dort wäre‘. Obwohl der gleiche Ausdruck vorliegt, bezieht sich das Verb im ersten Fall auf etwas Irreales, in diesem zweiten Fall auf etwas Potentielles. Es handelt sich daher um eine grammatikalisch kontaminierte Formulierung, die zwei unterschiedliche Aussagen einschließt und einer Unterscheidung zwischen zwei Typen von Bewußtsein entspricht: dem positionalen und dem quasipositionalen Bewußtsein. Das in einem positionalen Bewußtsein Vergegenwärtigte gründet stets in einer Gegenwartswirklichkeit (so das Erinnerte in einer früheren Wahrnehmungsgegenwart). Im quasipositionalen Bewußtsein ist das Gegebene hingegen eine solche Vergegenwärtigung, die an keine positionale Aktualität direkt gebunden ist.

Tatsächlich habe ich im Primordialen die Möglichkeit, zusätzlich zu meinem gegenwärtigen Fungieren ein zweites gegenwärtiges Fungieren in einem absoluten Hier vorzustellen. Dies ist jedoch eine quasipositionale Vergegenwärtigung, die irreal ist, obwohl sie den Vorzug hat, den ersten Bruch, die erste Dezentralisation, in die Primordialität einzuführen, aber in der Form eines bloßen ‚wie wenn‘; sie führt nicht zum mitfungierenden Anderen. Sie kann es nicht, weil es keine Möglichkeit dazu gibt und weil eine fingierte Übertragung meines organischen Fungierens in ein Dort eine Unterscheidung zwischen meinem Fungieren und dem Fungieren, das nicht mir angehört, nicht begründen kann.

Die positionale Unterscheidung zwischen dem Hier und dem Dort verbindet sich mit einer zweiten Art primordialer Vergegenwärtigung: mit derjenigen, die in den Kinästhesen meines Fortbewegens, meines mich dorthin Begebenkönnens gründet. In diesem Fall ist das Dort an meine Vergangenheit (‚ich war dort') oder meine Zukunft (‚ich kann dort sein') geknüpft, kann also für sich unmöglich mit meinem Hiersein zugleich bestehen. Denn begebe ich mich dorthin, wird das Dort selbst zum Hier.

Zusammengefaßt: Sind Hier und Dort in einer Gegenwart verbunden, so habe ich meine Primordialität nicht überschritten, und mein Bewußtsein ist quasipositional, irreal. Entspringt die Gegebenheit des Dort einem positionalen Bewußtsein, dann handelt es sich um eine Vergegenwärtigung meines aktuellen Bewußtseins, welche Gleichzeitigkeit von Hier und Dort ausschließt und so ebenfalls die Primordialität nicht überschreitet. Deshalb bedient sich Husserl der miteinander verkoppelten positionalen und quasipositionalen Vergegenwärtigung, um eine Möglichkeit für die Bewährbarkeit der analogisierenden Apperzeption aufzuzeigen. Auf diese Weise gewinnt er eine Gleichzeitigkeit von absolutem Hier und absolutem Dort, das für sich genommen auch ein Hier ist und durch das quasipositionale Bewußtsein ermöglicht ist: „Die positionale Vergegenwärtigung verschafft ihr das appräsentative Bewußtsein von der positionalen Unterschiedenheit zweier solcher Hier durch den Unterschied der beiden Dort."[27]

Könnten beide Bewußtseinsweisen zusammen agieren, würde Husserl sein Ziel erreichen: nämlich das Bewußtsein eines zweiten absoluten Hier zu erfahren, das, gegenwärtig im Dort, das ich von hier wahr-

---

[27] Ebd. 38.

nehme, mit meinem absoluten Hier *eine* Gegenwart teilte. Damit die Komplementierung gelingen kann, müßten sich beide Vergegenwärtigungsformen mit den genannten appräsentativen Möglichkeiten der Bewährung decken. Eine solche Deckung ist nicht unmöglich, obzwar nur bei bestimmten Bewährungsmöglichkeiten meine Phantasieerwartungen mit dem wirklichen Verhalten des Körpers dort übereinstimmen können.
Nach Held stützte sich Husserl offensichtlich auf diese Deckung, und trotzdem ist die von Husserl daraus gezogene Folgerung für Held nicht zulässig. Meine Phantasieerwartungen werden durch meine Wahrnehmung des Körpers dort bestätigt, aber auch nach der Bestätigung bleibt meine Vorstellung fiktiv:

„Es mag hundert mal eintreten, daß der Baum dort, in den ich mich phantasierend versetzt habe, für meine positionale Wahrnehmung seiner ein Gebaren zeigt, das die sich aus der Fiktion ergebenden Verhaltensmöglichkeiten ‚als ob ich dort wäre' bestätigt – die Übertragung meiner Leiblichkeit in jenes Dort behält trotzdem den Charakter des Als-ob."[28]

Abschließend stellt Held fest, daß der Aufweis eines Deckungsbewußtseins, mit dem Husserl argumentiert hat, eine Quasiverdoppelung meines Ich impliziert und gerade nicht zu einem positionalen Bewußtsein von einem in meiner Primordialität mitagierenden Mitsubjekt führt.

---

[28] Ebd. 41.

5. *Aguirres Überprüfung der Kritik von Held*

Held argumentiert auf der Grundlage von Husserls nachgelassenen Texten zur Intersubjektivität. In seiner Besprechung von Helds Kritik wendet sich Aguirre[29] ebenfalls diesen Texten zu. Er stimmt mit Held darin überein, daß dort am ausführlichsten die entscheidende Rolle des Als-ob-Bewußtseins für die Konstitution des Anderen behandelt wird. Die von Aguirre herangezogenen Texte führen ihn jedoch zu der umgekehrten Schlußfolgerung: Husserl bestehe darauf, daß die im Modus des Als-ob fungierende Vergegenwärtigung nicht als bloße Phantasie aufgefaßt werden darf. Wir referieren im folgenden die wichtigsten Punkte von Aguirres Entgegnung.

Das Als-ob der Vergegenwärtigung nimmt ständig den Charakter einer setzenden Vergegenwärtigung an. Es ist, als ob ich dort mit einem modifizierten Leib wäre, aber dieses Als-ob hat nicht den Sinn einer bloßen Phantasie, noch ist es willkürlich, sondern durch den erfahrenen Körper dort gefordert. Husserl beschreibt die positionalen Feststellungen, die die fingierte Vorzeichnung durch Wahrnehmung ausfüllen, indem er von ihnen sagt, daß sie ausgestattet seien „mit beständig neuen Horizonten, die sich erfüllen, die immer im Milieu des Als-ob zu einem erfüllenden Als-ob führen" (Hua XIV, 500).

Aguirre führt die dann folgende Textstelle an, die sich direkt auf die Positionalität des Deckungsbewußtseins bezieht. Dort stellt Husserl fest, daß die Vorstel-

29 A. Aguirre, Die Phänomenologie Husserls [...], a. a. O. 150 ff.

lung, als ob ich anstelle meines wirklichen Leibes hier einen anderen Leib dort und auch ein meiner lebendigen Gegenwart entsprechendes Dort hätte, eine „anschauliche Umfiktion“,[30] eine willkürliche Vorstellung, ist.

„Ist aber diese Vorstellung motiviert durch einen jetzt dort seienden Körper analog meinem Leibkörper und eröffnet sie damit einen Horizont der Antizipation, [...], so ist diese vergegenwärtigende Abwandlung meines Ich Erfahrungsgewissheit [...]“ (Hua XIV, 501)

Die mir ursprünglich gegebene Präsenz des Körpers des Anderen gestaltet sich für mich wie eine Modifikation meiner Erinnerung an mich selbst als konkreter Gegenwart. Das Als-ob dieser Modifikation gründet in der Anzeige des anderen Körpers und bewirkt, daß ich mich mit ihm vergleiche. Dies geschieht nicht aufgrund einer Phantasie, die die Realität des Erlebnisses unterdrücken würde.

„Mit jeder Veränderung, Bewegung des Körpers im Dort ist indiziert ein Als-ob-ich-dort-wäre, [...] Als Modifikation der Erinnerung ist es Geltungsmodus. Das indizierte, vergegenwärtigte Ich, Ich-als-ob und seiend, ist *anderes* Ich; [...]“ (Hua XV, 642)[31]

Die Auswertung dieser und anderer Texte läßt Aguirre mit Held insoweit übereinstimmen, daß sich für Husserl die Vergegenwärtigung des Als-ob vermittels der „Wahrnehmung der Körperlichkeit“ erfüllt

---

30 Ebd. 154.

31 Auch von Held zitiert, in: Das Problem der Intersubjektivität [...], a. a. O. 40 f., Anm. 48.

und Husserl damit „die transzendentalphänomenologische Berechtigung zur Ansetzung des wirklich Anderen gewinnt".[32]
Aguirre stimmt Held jedoch nicht darin bei, daß Husserl mit einer Kombination von positionalem und quasipositionalem Bewußtsein arbeite, da Husserl die Vergegenwärtigung im Als-ob nicht als bloße Phantasie verstanden wissen wollte. Wäre dem so und gäbe es keine Brücke zwischen Realität und Phantasie, dann wäre der als ein zweiter Leib aufgefaßte Körper dort in Wirklichkeit nicht ein solcher, und die Überzeugung davon würde dieses quasipositionale Bewußtsein begleiten. Doch die Auffassung des Körpers dort wird gerade von der ihr entgegengesetzten Überzeugung begleitet, die besagt: Der Körper dort ist ein Leib. Von da her rührt Husserls intensives Bemühen um die Aufklärung des spezifischen Sinnes dieser Als-ob-Erfahrung, und daher beharrt er darauf, daß es sich dabei nicht um eine Vergegenwärtigung im Sinne bloßer willkürlicher Abstraktion handelt, obwohl ein Phantasiebewußtsein auf diese Erfahrung einwirkt. „Aber hier ist die Motivationslage eine eigentümliche, die mir dem Gehaben des dortigen Körpers eine beliebige Phantasie-Innerlichkeit nicht einzulegen gestattet." (Hua XIV, 499)
Aguirre zeigt, daß Husserl eine klare Konzeption der Bedeutung von Phantasie als Neutralitätsmodifikation besitzt, die in ihrem Fall die Frage nach einer Vernunftbewertung, die für Husserls stets in Wirklichem ihr Korrelat hat, sinnlos macht. Der Fremderfahrung,

32 A. Aguirre, Die Phänomenologie Husserls [...], a. a. O. 154.

so Aguirre, liegt jedoch die „Rechtsprechung der Vernunft" (Hua III, 266) zugrunde, da es um eine Vorstellung geht, die durch den „in perzeptiver Wirklichkeit" (Hua XIV, 499) daseienden Körper geweckt und motiviert wird (Hua XIV, 499 f.). Diese wirkliche Wahrnehmung und ihr Korrelat schließen die der Phantasie eigene Willkürlichkeit und Ungebundenheit aus: „Ich bin *gebunden* durch die Gegebenheit, und die in mir geweckten Vorstellungen müssen ihr entsprechen, oder sie werden fallengelassen oder korrigiert."[33]

Auf die gleiche Weise werden meine Als-ob-Antizipationen, die ich vom fremden Leib habe, korrigiert oder bestätigt: Ich sehe einen Leib, der sich auf eine Wasserpfütze zubewegt und dessen Augen auf sie gerichtet sind. Es ist, wie wenn ich mich auf die Pfütze zubewegte und meinen Blick auf sie richtete, so als ob ich sie sähe und selbstverständlich vom Weg abwiche, um sie zu umgehen. All dies ist im Modus des Als-ob antizipiert. In der Folge verhält sich der Leib dort, wie es abzusehen war, die Erfahrung kommt mit dem Erwarteten zur Deckung. Die Erfüllung des Antizipierten verwandelt die vergegenwärtigende Deutung in Setzung (Hua XIV, 543 ff.). Man könnte vermuten, so Aguirre, die Erfüllung wäre nur eine Bestätigung der Als-ob-Setzung, da die Erwartungen bloße Vorentwürfe im Als-ob sind. Doch die Erfüllung kann realitätssetzend aus dem Grund sein, weil der Horizont der Erwartungen auf den Vorentwurf einer Erscheinung bezogen ist, die eben nicht eine von der

33 Ebd. 156.

Realität abgelöste Phantasie ist. Wenn Husserl feststellt, daß Phantasie und Realität durch keine Brücke miteinander verbunden sind, unternimmt er dies Aguirre zufolge, um damit gerade aufzuzeigen, daß anstatt einer Phantasie eine phantasieähnliche Modifikation nach Art der Setzung einer Seinsmöglichkeit (Hua XV, 251, Fußnote) vorliegt. Der in dieser Erfahrung sich bestätigende Charakter der Realität ist der einer Vergegenwärtigung, da ja Zugang zum Fremdbewußtsein nur durch Appräsentationen, nie durch Gegenwärtigungen zu gewinnen ist. Aufgrund meiner ursprünglichen Erfahrung von jenem Körper dort, der sich wie ein Ich verhält, läßt sich sagen, daß „die konkrete Apperzeption des Menschen nicht nur als Körper, sondern als dieser Mensch *Wahrnehmung*" (Hua XV, 356) ist, und Aguirre fügt hinzu: „Wahrnehmung eines ‚Mit-da', ‚Mitgegenwärtigen'."[34] Um diese gebundene, stets mit Wahrnehmung einhergehende Phantasie weiter zu analysieren, vergleicht Aguirre Fremd- und Dingerfahrung.[35] Was für die Vergegenwärtigung im Fall der Apperzeption des Anderen gilt, so sein Ergebnis, trifft auch für die Auslegung der Dingerfahrung zu. In der Fremderfahrung ist der in meiner Primordialität gegenwärtige Körper dort auslösender Faktor für die Vergegenwärtigungen als Antizipationen dessen, was sich mutmaßlich präsentieren wird. Bei der Dingerfahrung findet ein ähnlicher Vorgang statt: Die wahrgenommene Ansicht des Zimmers, in dem ich mich gerade befinde, ist einbe-

---

34 Ebd. 157.
35 Ebd. 158 ff.

griffen in einen wesentlich umfassenderen Bereich des möglicherweise Erfahrbaren und als solches Mitgegenwärtigen. Das wirklich Erfahrene schließt so Möglichkeiten weiteren Erfahrens mit ein: die jetzt ungesehenen Seiten des Zimmers, die anderen Zimmer des Hauses, die Häuser der Umgebung, die Landschaft, in der sich die Ansiedlung befindet usw. All dies ist eingebettet in eine vage Voranzeige, „einen offenen Leerhorizont der Unendlichkeit des möglich Seienden“.[36] Dieser Horizont ist ein solcher der Mehrmeinung, der vergegenwärtigten Potentialitäten. Husserl setzt dabei die antizipierende Vergegenwärtigung (des Innen- wie des Außenhorizonts des Wahrgenommenen) von der bloßen Phantasie ab (Aguirre 158). Aguirre belegt dies mit Textbeispielen aus der „Ersten Philosophie“ (Hua VIII, 148 f., 405, 452) und dem ersten Band der „Ideen“ (Hua III, 112, 123–125). Diese Texte bestätigen, daß die jede Dingwahrnehmung begleitenden Antizipationen nie bloße Phantasien sind, sondern gerade in der Wahrnehmung als einem positionalen Bewußtsein gründen. Die Leervorstellung der Phantasie muß von dem antizipierten Leerhorizont der Wahrnehmung unterschieden werden; im ersten Fall handelt es sich um eine nicht motivierte und nicht motivierende leere Erwartung. „Das real Mögliche ist das Erfahrbare, aber das Erfahrbare ist immer an eine Motivation gebunden [...]“[37]

---

[36] Ebd. 158.

[37] Ebd. 159. In diesem Sinne zitiert Aguirre Hua III, 112 und 123–125.

Aguirre hebt als ein wichtiges Resultat der „Fundamentalbetrachtung“ der „Ideen I“ hervor, daß der Aufweis der Erfahrungshorizonte diese nicht als eine leere logische Möglichkeit, sondern eine im Gesamt der Erfahrung motivierte herausstellt und daß die Motivation in gewisser Weise die Grenze der Imaginationsfähigkeit ist. Der Begriff der ‚gebundenen Phantasie‘ könne dies erhellen: Wenn ich den Tisch, den ich vor mir habe, fingiere, bin ich in meiner Phantasie nicht frei, sondern der Umstand, daß ich den Tisch hier wirklich vorfand, begrenzt meine Freiheit, ihn zu imaginieren. Die Phantasie ist auch in dem Fall nicht frei, wo bezüglich eines Erfahrungsganzen ein noch nicht gegebenes Objekt antizipiert wird, da ihr hierbei bereits vollzogene Objekterfahrungen Grenzen setzen.

Aguirre parallelisiert diese gebundene Phantasie mit derjenigen, die in der Erfahrung des Anderen auftritt, insofern diese eine Struktur besitzt, die sie mit der Dingerfahrung gemein hat. Bei der Erfahrung des Anderen besteht die gebundene Phantasie aus Als-ob-Vergegenwärtigungen. Auch die Vergegenwärtigungen der Antizipation des Dinges können als ein Als-ob aufgefaßt werden – ‚als ob ich sie jetzt sehen würde‘ –, wenn Husserl selbst dies so auch nicht ausdrücklich sagt.

Aguirre fragt des weiteren nach der Art der Gemeinsamkeit von bloßer und gebundener Phantasie bzw. leerer und wirklicher, in realer Gegebenheit gründender Möglichkeit. Wäre Möglichkeit stets nur bloße Phantasie, dann wäre sie auch bei der Erfahrung des Anderen von allem realen Gegebensein losgelöst. Er erinnert daran, daß Husserl in einem Text aus den Jahren 1914 oder 1915 (Hua XIII, 312; vgl. 296 ff.) beide Bedeutungen von Möglichkeit (leere und wirkliche) bei der Fremderfahrung miteinander verbindet: „Die Möglichkeit des Phantasiesubjektes als puren Phantasiesubjektes ist leere Möglichkeit, bloße Anschaubarkeit. Es ist nicht reale Möglichkeit, die durch Gegebenheit motivierte ist.“ Wenn im anschließenden Text von der Wahrnehmbarkeit, das heißt ‚Erfahrbarkeit‘ (als einer im Zusammenhang der Erfahrung motivierten Möglichkeit), die Rede ist, dann ist damit eine solche gemeint, die dem Phantasie-Ich zugeschrieben wird, wenn dieses ihre Wirklichkeit als aufweisbar erachtet.

Aguirre zitiert drei Texte Husserls, um dessen Ansicht über die Funktion der realen Möglichkeit bei der Fremderfahrung noch klarer zu fassen. Im ersten dieser Texte wird gesagt, daß es möglich ist, phantasierend Farbe oder Bewegung einer Sache umzufingieren, sofern diese für jene Sache wesentlich sind und zu ihren realen Möglichkeiten gehören. Aguirre fragt nun, wie eine reale Möglichkeit bei der Fremderfahrung aufzuweisen sei, und seine Antwort ist, daß diese in dem Umstand gründe, daß ich dorthin gehen kann, wo der Andere ist, wenn er, wenn sein Leib diesen Ort verläßt. Auf diese Weise „kann ich mich an die Stelle jedes Dinges versetzen, es fortbewegt denken und mich dahinbewegt, wo es war“ (Hua XV, 251, Fußnote).

Im zweiten Text kommt Husserl auf die Grundlage der Vorstellung ‚als ob ich dort wäre‘ zu sprechen. Ein solches Fundament bildet die wirkliche Möglichkeit des kinästhetischen Bewußtseins ‚als ob ich an jenem

Ort wäre', als ob ich, so wie ich es tun kann, an jenem Ort wäre. Ich besitze ein Bewußtsein von der Möglichkeit einer solchen Modifikation meiner kinästhetischen Lokalisation. Von diesem Bewußtsein erhalte ich noch weitere Angaben und kann so meinen Leib, wie man ihn von dort sehen würde, wie auch immer modifiziert denken. Dies sind meine „wirklichen Möglichkeiten, nämlich solche, die ich annehmen könnte als überhaupt denkbare [...] im Rahmen meines Ich-kann" (Hua XIV, 500 f.).

Als drittes bezieht sich Aguirre kurz auf die CM, um zu zeigen, daß seine bis hierin durchgeführte Analyse genau das betrifft, was in den CM mit dem Ausdruck ‚als ob ich dort wäre' genannt wird.

Aguirre kommt zu folgendem Schluß: „Die Zusprechung einer Leibkörperlichkeit geschieht also innerhalb des vom real möglichen Bewußtsein meiner Abwandlungen abgesteckten Rahmens."[38] Aguirre zufolge läßt Husserl die Phantasie nicht an jeder Konstitutionsart wirklichen Seins partizipieren. Das ‚wie' der Formel besitzt infolge seiner Verwurzelung in motivierter realer Möglichkeit einen positionalen Charakter. Auch das ‚wenn' impliziert nicht notwendig ein fiktionales Bewußtsein, wenn nämlich die Möglichkeiten seiner Bewährbarkeit auf ein Irreales führen, etwa wenn ich sage, daß ‚ich mich auf diese Weise verhalten hätte, *wenn* ich mich dorthin begeben hätte'. In solchen Fällen liegt nicht eine Fiktion vor, sondern es geht um die Feststellung eines Ziels und darum, daß eine zur Erlangung dieses Ziels nötige Handlung ausge-

[38] A. Aguirre, Die Phänomenologie Husserls [...], a. a. O. 161.

führt werden könnte oder hätte ausgeführt werden können. Das betrifft also die Irrealität eines bloß Angezeigten, in diesem Sinn bloß Möglichen.
Aguirre spricht sich gegen die Interpretation von Held aus, der in der Formel ‚als ob ich dort wäre' zwei Arten von Vergegenwärtigung, die positionale und die quasipositionale, unterscheidet. Er akzeptiert die von Held eingeführte Unterscheidung zwischen einem Als-ob-Bewußtsein als einer fiktionalen und einem solchen als einer kinästhetischen Modifikation, weist jedoch nach, daß bei der Fremderfahrung sich beide Modifikationen auf ein positionales Bewußtsein beziehen. Indem der quasipositionale Charakter, den Held dem Als-ob-Bewußtsein zuschreibt, ausgeschlossen wird, ist – ganz im Sinne von Helds eigenem Vorhaben – der entscheidende Schritt zur Einsicht in die Setzung des Anderen getan.

B. Die Vorlesungen von 1926/1927

1. Ausführliche Analyse der ‚Paarung'

Die Texte, die Husserl zum zweiten Teil der Vorlesung „Einführung in die Phänomenologie" vom Wintersemester 1926/1927 niederschrieb, sind für die Erhellung des Sachverhalts der ‚Paarung' von Bedeutung. Diese Vorlesungen sind im allgemeinen sehr belangvoll,[39] weil sie in die Phänomenologie einfüh-

[39] Siehe I. Kern, Einleitung des Herausgebers, in: Hua XIV, XXVII ff.

ren, ohne sich auf die Idee apodiktischer Erkenntnis und die Reduktion auf das apodiktische ego cogito zu stützen. Ihr Ausgangspunkt ist die Idee einer universalen Wissenschaft und in diesem Zusammenhang das Eingeständnis, daß die Grundbegriffe der Wissenschaft nicht radikal begründet sind. Das veranlaßt Husserl, über die Welt der reinen Erfahrung, die er seit 1917 auch „Lebenswelt" nannte, die jeder Wissenschaft vorausgeht, nachzudenken und ihre Strukturen auf dem Weg ontologischer Befragung zu analysieren. Der Naturwissenschaft stellt Husserl die Idee einer reinen Psychologie gegenüber, die sich auf Selbst- und Fremderfahrung stützt. Es führt eine thematische Kontinuität von den Vorlesungen von 1910/1911, die von dem natürlichen Weltkonzept ausgehen und die phänomenologische Reduktion auf die Intersubjektivität ausdehnen, bis zu diesen Vorlesungen von 1926/1927, die sich ihrerseits in diesem Sinne als Vorläufer der „Krisis" erweisen.

Die locker angeordneten Texte, die den zweiten Teil der Vorlesungen (Hua XIV, 393 ff.) bilden, untersuchen das Problem der psychophysischen Erfahrung. Hierauf und auf die originäre Erfahrung bezogen führt Husserl die transzendentalphänomenologische Reduktion ein und kommt dann auf die uns hier interessierende Fremderfahrung zu sprechen. Husserl ist dabei erneut der Ansicht, daß die Selbstapperzeption als objektive psychophysische Einheit ‚Mensch' (vgl. Hua XIV, 55 ff., 410 ff., 457) nicht eine originäre Apperzeption ist, da sie in Einfühlung gründet. Nachdem er die ursprüngliche Erfahrung der Reduktion unterzogen und in ihr das Psychophysische untersucht hat, richtet sich sein Interesse auf die Beantwortung der folgenden Frage:

„Wie sieht die Motivation aus, die innerhalb der originalen Erfahrung Vergegenwärtigungen hervortreibt in Funktion der Konstitution von neuen gegenwärtigen Objekten, deren wesentliche Bestimmungen nicht original wahrnehmbar sind? Es handelt sich um die Bestimmungen des ‚Andern', des *alter.*" (Hua XIV, 474)

Kern weist darauf hin, daß Husserl in diesen Analysen das Problem der „Wahrnehmung eines Menschen" seit den Texten von 1914 oder 1915 am eingehendsten untersucht und zu einer gewissen Lösung gelangt.[40] Auf diese Texte verweist Husserl auch in der „Formalen und transzendentalen Logik" (Hua XVII, 215, Fußnote), wenn er die „schwierigen Einzeluntersuchungen" erwähnt, die auf den Entdeckungen der Vorlesungen von 1910/1911 fußen und das Problem der Intersubjektivität und des transzendentalen Solipsismus zu lösen suchen. „In ihnen findet Husserls Theorie der Einfühlung (Fremderfahrung) zum ersten Mal eine in sich geschlossene, sachlich völlig durchgearbeitete Gestalt."[41]

Die grundlegenden Entdeckungen Husserls führen einerseits zu der Einsicht, daß die Aktualisierung der Fremderfahrung nicht vermittels einer „apperzeptiven Ergänzung" stattfindet, also nicht durch eine „direkte Appräsentation", sondern vielmehr durch eine mittelbare Appräsentation, die in der Paarungs-

40 Ebd. XXXIV.
41 Ebd.

assoziation gründet. Andererseits – und das ist von ebenso großer Bedeutung – gibt Husserl eine Antwort auf das Problem, „wie die für die ‚Assoziation' fundamentale Ähnlichkeit von eigenem Leib und einem Aussenkörper in der prinzipiellen Verschiedenheit ihrer möglichen Erscheinungsweise konstitutiv vermittelt ist, durch eine Analyse der Raumkonstitution, genauer, durch die konstitutive Rückbeziehung jeder aussenkörperlichen Entfernung und Bewegung auf eigene, ‚kinästhetische Bewegung'".[42]
Das Problem der Paarung als Ähnlichkeitsassoziation zwischen zwei körperlichen Objekten in einer aktuellen Wahrnehmungsgegenwart sucht Husserl zu lösen (Hua XIV, 530ff.), indem er die Paarung als eine solche Erfahrung faßt, in der die Gegenstände sich verbinden und dadurch eine sich simultan in beiden Gegenständen erfüllende Sinnformation ermöglichen. „Fundierendes und Fundiertes ist im Miteinander untrennbar, in Notwendigkeit eins [...]"; „[...] mit dem Dasein beider ist in eins die Synthese da".[43]
Es handelt sich hierbei um zwei Momente, die einheitlich im Bewußtsein gegeben sind, in reiner Passivität und unabhängig von aller ichlichen Zuwendung. Der Charakter der Wechselseitigkeit unterscheidet diese Ähnlichkeitsverknüpfung von reproduktiver Identifikation, und zwar liegt eine lebendige wechselseitige Evokation vor, eine phänomenale Einheit in wechselseitiger Weckung. Die Paarung ergibt sich nicht aus

42 Ebd. XXXIV f.
43 Ms. D 19, 34 b (1926); zitiert von I. Yamaguchi, Passive Synthesis und Intersubjektivität bei Edmund Husserl, Den Haag: M. Nijhoff 1982, 53.

der reproduktiven Wiedererinnerung, sondern findet auf der retentionalen Ebene der lebendigen Gegenwart statt:

„[...] und so in verschiedenen Graden der angleichenden ‚Verschmelzung', die aber ein Sich-spannen der retentionalen Vergegenwärtigung nach dem Neuen ist, sofern doch das Altbekannte in dem Neuen ‚nur verähnlicht' wiedergefunden wird und ihm den Charakter des Bekannten in Anteilhabe verleiht." (Hua XIV, 532)

Husserl bezieht nun die Einsicht in diese allgemeine Struktur auf den fremden Körper, den ich zusammen mit meinem Leib erfahre. Ich erfahre beides mit einer so unterschiedlichen Orientierung, daß eines jeweils die Orientierung des anderen ausschließt. So stellt sich unmittelbar das Problem, die Möglichkeit dessen auszuweisen, wie einerseits eine Ähnlichkeitsassoziation als heterogene Momente verbindende fungieren und andererseits dabei jene wesentliche Differenzierung bewahrt bleiben kann. Der Suche nach der Bedingung eben dieser Möglichkeit ist die ausgedehnte Analyse gewidmet, mit der jene Texte von 1927 schließen. Der Aufweis dieser Möglichkeit betrifft die Aufklärung desjenigen Verhältnisses, das zwischen jeder äußeren körperlichen Bewegung und meiner eigenen kinästhetischen Bewegung besteht. Husserl untersucht die Erfahrung von Bewegungen und von Gleichheit und Ähnlichkeit der Bewegungsweisen, indem er von der Gleichheits- und Ähnlichkeitserfahrung der Körper nach ihrem Phantomgehalt ausgeht.
Die Untersuchung beginnt mit der Konstitution des Raums in originärer Erfahrung. Bedingung für diese

Konstitution ist die freie Verfügung über ein kinästhetisches System. Husserl analysiert das visuelle und das taktile Feld und zeigt: Zum einen konstituiert eine solche Kinästhese Phantome, Sinnendinge, andererseits die Selbstbewegung des Leibes und die Bewegung anderer Körper, das heißt, sie konstituiert den Ort und die Ortsveränderung „als allgemeine Bestimmungen der Phantome“ (Hua XIV, 534).

Im visuellen Feld erhält der Körper, der als visuelles Ding oder Phantom erscheint, die Bestimmung seines räumlichen Ortes, seiner relativen Orientierung im Verhältnis zum Leib, der kinästhetisch ursprünglich auf diese oder jene Weise orientiert ist. Er wird entsprechend der Stellung nah – fern modifiziert und erhält die ‚Bedeutung‘ eines so oder so orientierten Dinges, mit Bezug auf eine durch die faktische kinästhetische Situation indizierte kinästhetische Bewegung. So wird er Fernding oder Nahding. Jedes sichtbare ‚Ding‘ oder ‚Phantom‘ wird entsprechend seinen konstitutierenden internen Bestimmungen (Form, Farbe usw.) perspektivisch verkürzt, also abgeschattet: „Jede Bestimmung ist Einheit der Mannigfaltigkeit von Abschattungen.“ (Hua XIV, 535) Deshalb gebraucht Husserl, um die Darstellung eines visuellen Körpers auszudrücken, den Terminus ‚Perspektive‘. Das Dargestellte ist dann selbstgegeben in einer optimalen Nähe.

Die Wahrnehmung des Dinges in Perspektivität weist zwei intentionale Komponenten im Sinne von zwei sich durchdringenden Darstellungen auf: Jede Abschattung besitzt ihren intentionalen Horizont in dem Sehding, dem sie zugehört. Sie zeigt dieses an, und damit zeigt sie die Orientierung des visuellen Körpers in Beziehung auf den Nullpunkt der Position des Leibes an. Der visuelle Körper nähert sich ausgehend von einem „relativen Optimum“ sukzessiv einem „Einzeloptimum“ (ebd.). Bei diesem Prozeß bildet sich eine Typik heraus, welche Normalität und Anomalität eines jeden Körpers definiert.

Neue Grundzüge weist Husserls Beschreibung des taktilen Feldes auf: Hier gibt es keine Perspektiven, alle Typik von Dingen resultiert aus dem Tasten. Die darin sich vollziehenden Kinästhesen von Annäherung oder Entfernung etablieren die ersten Differenzierungen zwischen ‚nah‘ und ‚fern‘. In diesem Fall konstituiert sich die Identifikation eines Körpers mit einem Körper-Phantom: Solange sich die Position meines Leibes nicht verändert, bleibt der Körper unverändert; er bewegt sich, wenn ich mich bewegen, die Kinästhesen, die mir vorher erlaubten, ihn zu erreichen, abwandeln muß, während dabei das Phantom dasselbe bleibt. Die Zuordnung von Entfernungskinästhese und Phantom konstituiert als wesentliche Bestimmung jedes Körpers den Ort, der ihm zukommt „in diesem ‚Raum‘ und den ‚Raum‘ als kontinuierliches System möglicher Objekte, wobei zu jedem tast-unterscheidbaren ‚Punkt‘ des Phantoms ein verschiedener Ort gehört und der Gesamtort des Körpers sozusagen das typische Ortsbild ist, das Ortssystem, das sich durch die einzelnen Orte konstituiert“ (Hua XIV, 537).

Jeder tastbare Punkt des Tastphantoms besitzt in bezug auf jeden anderen Punkt eine feste relative Distanz. Mittels der Entfernungskinästhesen wird jeder einzelne dieser Orte mit einer Indizierung ausgestattet, mit der er nicht nur den Ort einnimmt, der ihm im Phantom entspricht, sondern seinen Ort im Raum, in den das Phantom gehört. Bestimmte Positionsänderungen infolge wechselnder Kinästhesen trennen im Phantom denjenigen Raum ab, der mit der „Gestalt des Körpers“ (Hua XIV, 538) koinzidiert, das heißt, ausgehend vom festen Ortssystem des Raumes spaltet sich ein Teilsystem ab. Die möglichen kinästhetischen Änderungen legen neue Orte fest, in denen der taktile Körper in Ruhestellung als taktiler erscheinen könnte, wenn er seine Position behalten würde. Die Kombination von Lokomotion an der Stelle und von solcher, die in die Ferne geht, ergibt von jeder erreichbaren Position aus „das System der lokomotiven Stellungen, die in die Intentionalität hineinbezogen den homogenen Tastraum der Ruhe und Bewegung der Körper ergeben. Der Allraum ist gegeben als Raum der gegebenen Körper.“ (Hua XIV, 538) Im Gegensatz zur taktilen Erscheinungsform aktualisieren im visuellen Feld die Erscheinungsweisen der Perspektiven aufgrund von Lokomotion die Stelle im Raum, die sie bezeichnen, nicht.

Das ‚Urräumliche‘ ist die räumliche Präsenz. Die Erscheinungsweise des Raums ist der orientierte Raum, was die Relativität deutlich werden läßt, mit der die Raumorte in der Erfahrung bestimmbar sind. Die Raumwelt ist in der Form der um meinen Leib orientierten Weltpräsenz gegeben; was nicht zu wirklicher Präsenz wird, ist unbestimmter offener Horizont. Der orientierte Raum räumlicher Präsenz bezeichnet den Kern in der Konstitution des homoge-

nen Raums. Bei jeder Präsenz im objektiven Raum ist mein Leib ‚mit da', stets als aktualisiertes Zentrum, das der Verwirklichung des Raums und der Welt entspricht. Als Null-Objekt ist mein Leib Möglichkeitsbedingung der anderen Objekte. Sein wahrnehmendes Agieren gehört nicht nur zum natürlichen Erfahren, sondern auch zum Erfahren seiner eigenen räumlichen Existenz: „Er gehört nach seiner Raumgestalt und seinen konstitutiven Bestimmungen zum Nahraum, zum Urphänomen des Raumes, und zu seinem Ursein, das intentional die Form des wahren Seins hat." (Hua XIV, 540) Deshalb bestimmt Husserl die Form meines Leibes als wahre Form, die als Gesamterscheinungsweise im Wechsel der Kinästhesen und als Teil des objektiven Raums konstant bleibt.
Wie ist Bewegung konstituiert, damit sie die Erhaltung der Dingidentität garantiert, „wenn bei Restitution der alten Kinästhesen nicht dasselbe gleich erfüllte Urraumfeld resultiert" (Hua XIV, 541)? Mein Leib ist das „urbewegliche Objekt" (ebd.). Jedes Ding ist an sich, insofern ich es durch Bewegung in meine Reichweite rücke. Es besitzt eine Entfernung, die, als durch meine Kinästhesen bestimmt, somit eine Bedeutung relativ zu meinem Leib als Nullkörper erhält. Es besteht in zweifacher Richtung eine Beziehung zu meinem Leib als Nullkörper: Das Ding besitzt eine Entfernung von meinem Körper, und mein Körper weist eine Entfernung zu jenem Ding auf. Der Raum hat den Charakter eines Systems von Stellen. Ich bestimme die Dinge in ihrem wechselseitigen Abstand, sofern ich mich jeweils an ihre Orte begeben und so den Abstand zwischen meinem Leib und

jedem einzelnen Ding festlegen kann. Es erscheinen auch Dinge, die von sich aus den Ort in Beziehung zu mir ändern, ihre Bewegung wird also nicht von den Kinästhesen meines Leibes konditioniert. „Mit der Erfahrung der Bewegungen und der Gleichheit und Artähnlichkeit von Bewegungen steht es also etwas anders als mit der Erfahrung der Gleichheit und Ähnlichkeit von Körpern nach ihrem Phantomgehalt.“ (Hua XIV, 542) Im Prinzip liegt auch hier eine Relativierung der Position in Beziehung auf meinen Leib, auf seine Position und kinästhetische Bewegung, vor. Das bislang Aufgezeigte ergibt: „Was hier konstituiert ist, ist das Selbst, das Optimum, das sich sonst in intentionaler Implikation durch Abstandsperspektiven darstellt.“ (Hua XIV, 543)
Im Fall der Wahrnehmung eines fremden Leibes geht es nicht um einen Körper in Abstandsrelation zu einem dritten. Mittels meiner Distanzkinästhese konstituiert sich hierbei der Sinn von Bewegung als eine ‚homogene Auffassung‘ (vgl. Hua XIV, 544), in Ähnlichkeitsrelation zu meinen eigenen Bewegungen (nach Form und Größe), die ich vollzöge, wenn ich mich an den Ort des Körpers begäbe, der mir jetzt als sich von sich aus bewegend erscheint. Damit gelangen wir zum Sachverhalt der Paarung.

„Mein Körper ist Körper wie ein anderer. Wenn ich nun so jeder Bewegung zugleich den Sinn einer gleichartigen möglichen Eigenbewegung gebe, so wird die durch die Ähnlichkeit geweckte Beziehung zu mir, die in ihrem Sinn liegende Deckung, ohne weiteres zur Verlebendigung dieser Bedeutung Anlass geben.“ (Hua XIV, 545)

Das Ergebnis lautet also: Konstituieren die Kinästhesen den Urraum und die Körper im Raum, und zwar als unterschieden von dem Körper, der sich am Nullpunkt der Orientierung befindet, und liegt ihr Ort nahe oder fern, aber nicht am Nullpunkt der Orientierung, dann vollzieht sich die Konstitution einer Paarung, sobald ein Körper erscheint, der dem meinigen gleich ist. Beide sind dann als Paar, aber nicht als identisch konstituiert, weil zwischen beiden meine Distanzkinästhesen vermitteln. Der fremde Körper stellt sich darüber hinaus als sich selbst bewegend dar und weckt die Kinästhesen, die ich hätte, wenn ich dort wäre. Damit bestätigt der Vollzug der apperzeptiven Paarung, daß es sich um verschiedene Leiber handelt.

Das, was das Apperzipieren von etwas mir Ähnlichem, aber doch wiederum von mir wesentlich Verschiedenem fundiert, ist eine Weise davon, Andersheiten im allgemeinen im Raum zu identifizieren, wie etwa dasjenige, was ich im Nahraum, aber nicht an ‚meinem' Ort ertaste oder was ich in einer Perspektivenfolge sehe. Letzteres präsentiert sich bewegend durch verschiedene Perspektiven, und seine Bewegung wird von mir aus bestätigt, insofern es die Modifikationen meiner Kinästhesen begleiten; oder es steht fest und bietet verschiedene Perspektiven, weil ich mich bewege und der Nullpunkt meiner Orientierung sich verändert. Die Position der Körper im Raum und ihre Unterscheidbarkeit von mir beruhen auf dem bei meiner wirklichen Bewegung zu einem Körper hin erfahrenen Urraum. Diese und die Bewegung zur Position eines zweiten Körpers konstituieren den homogenen Raum und die Relativität der Posi-

tion von Körpern in ihm sowie des eigenen Raums jedes Körpers, der mit derjenigen Form koinzidiert, die sich aus der Synthesis seiner Perspektiven ergibt.
Dies besagt: Erfahre ich einen Körper als ähnlich im Verhältnis zu dem meinen, so liegt die Möglichkeit dazu in der Erfahrung des kinästhetisch konstituierten Urraums. Identifiziere ich den Körper dort als Leib eines alter ego, so gründet dies auch im Erfahren der Veränderbarkeit und tatsächlichen Veränderung meines Ortes im Raum, von hier nach dort. Diese aktuelle Bewegung, die die Distanz durchmißt und überbrückt, fundiert die Andersheit, die sich mit den Ähnlichkeiten zwischen meinem und dem anderen Körper in der assoziativen Paarung synthetisiert. Die Paarung inkorporiert die Information von der Bewegung des anderen Körpers als einer solchen, die meine Kinästhesen hervorruft und im Paarungsvollzug den Sinn alter ego konstituiert, worin der spezifische Sinn von Ähnlichkeit des Anderen zu mir selbst als Identität und Andersheit zugleich seine Bestätigung findet.
Husserl stellt eine Stufung in der Erfahrung heraus, die zur Konstitution des Sinnes ‚psychophysischer Mensch' führt. Es gibt eine Sinnpaarung von Körper und Leib, die der Konstitution des Anderen als eines solchen, der in seinem Leib waltet, noch vorausgeht. Die assoziative Paarung weist eine wechselseitige Wekkung auf, die für die Pimordialität der Paarungsteile wesentlich ist. Die Grundzüge einer solchen wechselseitigen Weckung sollen nun genauer betrachtet werden: als Züge der „Wiederholungsstruktur".[44]

[44] A. Aguirre, Die Phänomenologie Husserls [...], a. a. O. 42.

2. *Die Erfahrung der wechselseitigen Konstitution*

Das Thema der wechselseitigen Konstitution ist in der Phänomenologie der Einfühlung von zentraler Bedeutung. Es liefert das klarste Argument gegen den Vorwurf eines Solipsismus in Husserls Theorie. In den CM findet sich diese aussagekräftige Stelle:

> „Dringe ich, mich in ihn einverstehend, in seinen Eigenheitshorizont tiefer ein, so werde ich bald darauf stoßen, daß, wie sein Körperleib in meinem, so mein Leib sich in seinem Wahrnehmungsfeld befindet und daß er im allgemeinen mich ohne weiteres so als für ihn Anderen erfährt, wie ich ihn als meinen Anderen erfahre." (Hua I, 158)

Diese zusammenfassenden Sätze sind durch die ausführliche Analysearbeit in den Texten von 1927 ermöglicht worden. Diese Texte enthüllen in ihrem Analyseverlauf die vielfältigen Aspekte, die diese Erfahrung einschließt, und unterstreichen, daß dieses wechselseitige Sich-als-Anderer-für-den-Anderen-Wissen die Konstitution der objektiven Welt fundiert. Es handelt sich mithin um ein Moment eines fortgeschrittenen Konstitutionsniveaus, desjenigen des psychophysischen Menschen. Macht man im Prozeß der Einfühlung bei der Paarung meines Körpers mit dem des Anderen einen Schnitt, begegnet man ebenfalls der Wechselseitigkeit. Obgleich Husserl diese als unvollkommen bezeichnet, weil er deren passiven Charakter entdeckt, widerlegt dies nicht ihre grundlegende Bedeutung für die Analyse der Einfühlungserfahrung.
Wird die assoziative Paarung meines Leibes mit dem des Anderen vollzogen, erwächst die Gewißheit, daß dieser ein ‚Anderer als Mensch' ist, gerade weil diese

Feststellung das Verständnis der Wiederholungsstruktur beinhaltet, die darin besteht, daß es die andere Subjektivität ist, die die meinige konstituiert. Der Andere erscheint mir als einer, der in seinem Körper waltet und die Bewegungen hervorruft, die für mich und für alle anderen die Bedeutung von objektiven Bewegungen haben. In der Konsequenz dieser Auffassung des Anderen als Menschen apperzipiere ich mich selbst als denjenigen, den die Anderen mit jenem Objektivitätscharakter ausgestattet apperzipieren; dadurch erlangt meine ursprüngliche Natur die Bedeutung von objektiver Natur (Hua XIV, 410 ff.). Für die Anderen ist mein Leben eine an einen äußeren Körper gebundene Einheit, ich erfahre die Welt als etwas Subjektives, und trotzdem handelt es sich bei meiner Erfahrung um dasselbe, was sie erfahren. Dieses Wissen der Anderen von dem, was ich weiß, ist der ‚Umweg', über den ich mich als Mensch apperzipiere. „*Der Andere ist der erste Mensch, nicht ich.*" (Hua XIV, 418)

Diese Erfahrung macht die Identifizierung als Welt an sich möglich, derjenigen Welt, die für jeden als je seine Welt konstituiert ist. In der Einfühlungserfahrung erfasse ich in dem Maße, wie ich die Erfahrungen der Anderen übernehme, das, was diese für sich konstituiert haben, als ‚identischen Pol' meiner eigenen Erfahrungen. Außerdem habe ich bezüglich der nur supponierten Anderen die Gewißheit, daß sie dasselbe erfahren müßten (Hua XIV, 419 f.). Der Objektsinn wird Husserl zufolge nur mit Bezug auf die Erfahrung der Gemeinschaft erreicht, was nichts anderes ist als jenes gemeinsame Wissen des einen vom Anderen.

In einer Detailuntersuchung der Paarung bei der Erfahrung des Anderen (Hua XIV, 523 ff.) erhellt Husserl die auf die sinnlichen (sicht- und tastbaren) Erscheinungen angewandte Wiederholungsstruktur. Im vergegenwärtigten Wahrnehmungsfeld des Anderen erscheint mein Leib mit den gleichen Charakteristiken, die seine Vergegenwärtigung in mir hat, das heißt, daß er sich mit dem deckt, was ich als Nullpunkt der Orientierung meines Leibes erfahre. Diese Behauptung findet ihre Grundlage in der von Husserl für die Fremderfahrung vorgeschlagenen Lösung, die, wie Kern bemerkte, für Husserls Theorie der Einfühlung „zum ersten Mal eine in sich geschlossene, sachlich völlig durchgearbeitete Gestalt" gefunden hat.[45] Es handelt sich um einen wesentlichen Zug der Assoziation in ihrem Charakter passiver Synthesis: um die wechselseitige Weckung. Die Assoziation erfüllt sich in der Kopräsenz eines Weckenden und eines Geweckten; sie impliziert die Erinnerung des Weckenden, die sich im Geweckten präsentiert.

„Nur dadurch, dass sie [die Erinnerung] das ist, ist sie Ähnliches dem Original, und tritt in der Vergleichung abermals Deckung als eine Art Kongruenz ein, nur dass die Assoziation nun auch umgekehrt und in Notwendigkeit weckt und auch umgekehrt in dem ursprünglich Weckenden sein Gegenstück sich verähnlicht. So ist es bei jeder Ähnlichkeit von kompräsenten Gegebenheiten." (Hua XIV, 530)

Im Fall der Leiber gibt sich die Assoziation als Paarung:

---

[45] I. Kern, Einleitung des Herausgebers, in: Hua XIV, XXXIV.

„Ein Paar hebt sich einheitlich ab und hat seine eigenartige Einheit eben als Paar. Es ist ein subjektiver Modus, eine ‚subjektive', die Dinge als perzipierte, als ‚Erscheinungen' verknüpfende Einheit: Eins weist auf das andere hin [...] so hat die Kenntnisnahme den Charakter einer Wiederholung, einer Kenntnisnahme von schon Bekanntem." (Ebd.)

Es handelt sich um eine „phänomenale Einheit in wechselseitiger Weckung" (Hua XIV 531).

C. Die Intersubjektivität als soziale Kommunikation

In den beiden Teilen des Manuskriptes „Gemeingeist" von 1921/1922 analysiert Husserl eine höhere Schicht intersubjektiver Konstitution: Es geht dabei um den Bereich des Sozialen. Ausgangspunkt ist der ‚soziale Akt', der verschiedene Weisen der Verbindung, die Monaden untereinander durch die Verknüpfung ihrer Ich-Subjekte eingehen können, umfaßt. Eingehend untersucht Husserl auch soziale Einheiten höherer Ordnung, auf die er bereits in den „Ideen II" aufmerksam gemacht hatte. Die im folgenden gegebene knappe Charakterisierung kann diesen subtilen Texten, die belegen, wie hellsichtig Husserl eine Phänomenologie der Gefühle und der Kommunikation zu entwickeln vermochte, nur sehr unvollkommen gerecht werden (Hua XIV, 165 ff.).

1. Soziale Akte und die Ich-Du-Kommunikation

Husserls erstes Thema in diesem Zusammenhang ist die Bestimmung des sozialen Aktes. Zunächst grenzt

er ihn negativ ein: Ein sozialer Akt organisiert sich nicht impulsiv, auch wenn dies in einer freien Erwägung kulminiert; er resultiert nicht aus „Vernunft" und korrelativ den „Vernunftobjekten", „technischen Objekten" und „ausgedachten Methoden" (Hua XIV, 165) um individuell-praktischer Ziele willen wie etwa der Erlangung von Genuß oder der Vermeidung von Gefahr. Auch sind nicht etwa die Liebe zu den Eltern oder deren Liebe zu ihren Kindern schon Beispiele für soziale Akte. In diesen Fällen freue ich mich nicht mit ihnen aufgrund von etwas, was uns gemeinsam erfreut, sondern ich freue mich, weil sie sich freuen, oder ich nehme Anteil an ihrer Traurigkeit; ich freue mich aufgrund dessen, daß ich mit ihnen das Leben teile. „Die Liebe bestimmt ein Interesse der Fremdförderung, der Hass ein Interesse der fremden Schädigung, Vernichtung. Das sind noch keine *sozialen Akte* und keine Akte der eigentlichen sozialen Liebe." (Hua XIV, 166) Ein sozialer Akt liegt für Husserl ebenfalls nicht vor, wenn der Andere meine Handlung lediglich zur Kenntnis nimmt, wenn ich es also unterlasse, die Absicht meines Tuns so zum Ausdruck zu bringen, daß der Andere sie berücksichtigen muß. Ein sozialer Akt besteht nur dann, wenn ein Akt von einem Mitteilungswillen geleitet wird.
Die Beispiele, die Husserl gibt, verdeutlichen, daß für ihn das gesprochene Wort nur eine unter anderen, gleichgewichtigen Formen der Kommunikation darstellt. Meine die Aufmerksamkeit des Anderen intendierende Äußerung kann gestisch sein oder sich jenes Mittels bedienen, das Sartre zu einem seiner zentralen Themen machte: des Blickes. Husserl wußte freilich

um den Wert des Diskurses bei der Konstitution der sozialen Welt, aber seine gezielten Hinweise legen es nahe, die Möglichkeit einer ausschließlich gestisch und visuell vermittelten Kommunikation zu sehen, in die sich der unbezweifelbare Reichtum des Wortes nicht einmischt. Jedenfalls macht Husserl deutlich, daß Aufmerksamkeit nicht notwendigerweise durch das Wort konstituiert wird noch daß das Wort einziges Mittel der Kommunikation ist. Sind meine Akte angemessen, um Aufmerksamkeit zu erwecken, so muß der Andere sie als meine Mittel interpretieren, die sein Interesse für ein bestimmtes Objekt so motivieren sollen, daß es Objekt einer Ich-Du-Beziehung wird. Meine auf den jeweiligen Zweck bezogene ‚Indikationsabsicht' ruft das fremde Interesse hervor und fordert von ihm ihre Erfassung. Auch ein Ausdruck, der ein natürlicher Reflex gegenüber äußeren Ereignissen ist, kann kommunikativ sein, wenn er einen Anderen auf jene Ereignisse erst aufmerksam macht.

Eine andere Art der Kommunikation ist die Mitteilung an Abwesende bzw. an einen Abwesenden, der aus einer Vergangenheit zum Anderen spricht. Ich und Du berühren sich hier nicht in einer gemeinsamen Gegenwart, es trennt sie der zeitliche Abstand; der, den die Botschaft erreicht, erkennt ihren Absender als jemanden, der nicht präsent ist. Eine solche Kommunikation liegt bei allen Formen schriftlicher und mittels eines materiellen oder personalen Trägers Dauer gewonnener künstlerischer Überlieferung vor.

In Passagen von großer Dichte analysiert Husserl den gemeinsamen praktischen Willen. Dieser besagt eine Form der Kommunikation als Medium dafür, daß der

Andere die intendierte Handlung versteht und ausführt. Husserl veranschaulicht dies am Fall des klassischen Verhältnisses von Herrn und Diener. Der eine teilt seinen Willen mit, und der andere wird handeln, wie der erste es wünscht, um für sich nachteilige Folgen zu vermeiden. Der Wille des einen kann zu einem Motiv des dauerhaften Wollens des anderen werden, so daß ein Habitus als Grundlage für ein bleibendes personales Verhältnis gestiftet wird. Demgegenüber stellt etwa die Bitte eine handlungsstiftende Mitteilung dar, die von vorübergehendem Charakter sein kann, die von Anfang an eine intendierte Zeitstrecke, die Zeit ihrer Erfüllung, besitzt. Die Willensgemeinschaft kann auch wechselseitig sein: ‚Die Erfüllung deines Wunsches ist daran geknüpft, daß du meinen Wunsch erfüllst.'

2. *Die Ich-Du-Beziehung, die Konstitution personalen Selbstbewußtseins und die Frage der Motivierung des Anderen*

Versetze ich mich fiktiv in eine solipsistische Einstellung, so abstrahiere ich in der Schicht, auf die ich mich reduziert finde, von den Anderen. Mein Blick ist dann auf jenes solitäre Bewußtsein gerichtet, das sich als einheitliches Subjekt eines vielfältigen Strebens weiß. Hier zeigt nun Husserl, daß es diesem Subjekt nicht gelingt, sich durch sich selbst als Person zu erweisen: Es erlangt nur in der Ich-Du-Beziehung personales Bewußtsein von sich selbst, „in der durch Mitteilung ermöglichten Strebensgemeinschaft und Willensgemeinschaft" (Hua XIV, 171).

Husserl geht es darum, das Phänomen dieser ursozialen Ich-Du-Beziehung in bezug auf die wechselseitige Motivation aufzuklären. In sozialen Akten präsentiert sich eine Einheit, die die beteiligten Subjekte eines bestimmten Strebens oder Wollens umfaßt und in der diese Subjekte in einem aktuellen Bewußtsein wechselseitig aufeinander bezogen sind. Alle Glieder dieser Wechselseitigkeit bestimmen die Aktion und erleiden sie. So kann man sagen, daß diejenigen Personen in Gemeinschaft sind, die in einem Zusammenhang geistiger Handlung stehen.

In einer Gemeinschaft strebt nicht nur ein jeder nach den gesetzten Zielen, sondern er weiß sich auch als solchen, der diese Anstrengung unternimmt. Dieses sich selbst zum Gegenstand Werden ist nicht im theoretischen Sinn zu verstehen, sondern gehört selbst mit zur Praxis. Will ich den Anderen zur Erfüllung meiner Bitte veranlassen, so verwandelt mich dies in ein praktisches Thema, da ich selbst in diesen Prozeß gegenständlich einbezogen bin. Die Differenz, die sich zwischen meinem Anspruch und dem auf ihn nicht oder nicht genügend Eingehen seitens des Anderen auftun kann, verweist mich auf mich selbst zurück als objektives Subjekt der Praxis, in der ich gerade engagiert bin: Ich werde mir im besonderen als Subjekt desjenigen Mangels bewußt, den ich mit der Handlung, die ich beim Anderen hervorzurufen suche, beseitigen will. „So muss ich bei jeder Handlung den ‚Weg', die Mittelziele und das Endziel praktisch thematisch im Auge haben." (Hua XIV, 172) In solchermaßen wechselseitigem Handlungsbezug konstituiert sich für Husserl personales Bewußtsein:

„Ich weiss nicht nur, dass er so und so handeln, dass er sich durch mich motivieren lassen wird, und nicht nur, dass ich das will [...], sondern er weiss auch, dass ich diese Absicht habe und nimmt diese Absicht als willensbestimmende in seinen Willen auf." (Hua XIV, 185)

Husserl entwirft auf wenigen Seiten eine Phänomenologie der Liebe, der ethischen Liebe und der Genuß- und Fürsorgegemeinschaft (Hua XIV, 172 ff.), die, nebenbei bemerkt, eine Grundlage für Sozialphilosophie und empirische Sozialforschung bilden könnte. Husserl beschreibt die Liebe als ein aktives Gefallenfinden an der personalen Individualität des Geliebten, das zu immer größerer Aktualisierung dieser Freude und zu einer Strebensgemeinschaft hindrängt, in der des Anderen „Leben in mein Leben, nämlich sein Streben in mein Streben aufgenommen ist, sofern mein Streben, mein Wollen sich in dem seinen und in dessen realisierendem Tun selbst realisiert, wie das seine in dem meinen" (Hua XIV 172). Das Streben ist eine Form der Intentionalität, das in ihm Erwirkte sind angeeignete und frei verfügbare Einheiten, Zielungsmodalitäten, des Daseins: „Komme ich aber mit einem Anderen in eine Gemeinschaft des Strebens, so lebe ich als Ich in ihm und er in mir." (Ebd.) Auf diese Weise konstituiert sich die Vergemeinschaftung von Ich und Du. Dies impliziert für Husserl nicht, daß jede Gemeinschaft wechselseitige Gemeinschaft sein müsse noch daß jede Wechselseitigkeit eine solche der Liebesgemeinschaft sei.

Husserl unterscheidet die personale Liebe von der ethischen, wobei letztere für ihn eine höhere Form der Liebe verkörpert. Der „Glauben" (Hua XIV, 174), daß in jeder Person ein wahres Selbst angelegt ist, impliziert zugleich die Forderung, daß die Person die Verwirklichung jenes idealen Ich als unendliche Aufgabe übernimmt. Dies führt zu Gemeinschaftsformen mit entsprechend unterschiedlicher Struktur: Die Mitglieder einer Gemeinschaft können die ethische Reife besitzen oder nicht, zumeist besitzen sie nur einige oder wenige. Die Verwirklichung des wahren Selbst ist für Husserl an das ‚gute' Handeln gebunden. Als ethisch Liebender „liebe ich und lebe ich willentlich mit in der aufkeimenden Seele, in dem aufkeimenden, wachsenden, werdenden ethischen Subjekt des Anderen; oder ich lebe in dem reif erwachten, ringenden und kämpfenden Subjekt und sich frei ethisch auswirkenden [...] Aber ethische Gemeinschaft ist ethische Freundschaft, ethisches Verhältnis zwischen Christ und Christ." (Hua XIV, 174 f.) Die bloße Disposition zur Nächstenliebe bedeutet für Husserl noch keine Gemeinschaftsbeziehung, sie wird erst dann zu einer solchen, wenn sie umgesetzt wird. Wahre Christenliebe z. B. äußert sich für Husserl in dem Streben, eine sich intensivierende Liebesgemeinschaft aufgrund der Aktualisierung hierfür erforderlicher Gemeinschaftsbeziehungen zu konstituieren. In Anbetracht von Husserls Bemühen, sein Philosophieren von jeder konfessionellen Bindung und Bezugnahme freizuhalten, sind diese Verweise auf das Christentum als ein historisches Beispiel für eine höhere, universalisierende Dimension der Liebe zu verstehen.

Auch die Phänomenologie des Genusses (Hua XIV, 176 f.) deckt Grundzüge der Gemeinschaft in der Wechselseitigkeit der Gefühle auf. Husserl verblüfft mit der Wahl eines Beispiels für die Verwirklichung von Gemeinschaft: „Die Freude am eigenen Essen, aber auch die erfreuliche Resonanz der fremden Essfreude.“ (Hua XIV, 178) In einer sensiblen Beschreibung führt Husserl, wenn er den Sinn des Mitteilungswillens zu klären sucht, das Beispiel des auf seinem Hut liegenden Apfels an, den seine Frau dort zurückgelassen hat, damit er nicht vergesse, vor dem Fortgehen etwas zu essen (Hua XIV, 166).

Husserl untersucht die Familie als eine zunächst „vorübergehende Gemeinschaft“, die zur geregelten Institution wird, eine Gewohnheitsform des Zusammenlebens und der gegenseitigen Unterstützung stiftet. Die reziproken Beziehungen gemeinsamen Handelns können verschiedenartige Gestalt annehmen. Dies führt Husserl zur Untersuchung der Funktionen der Familienmitglieder und ihrer Gefühle von Pflicht angesichts dieser Funktionen: „Vereinbare ich mich mit einem Anderen, übernehme ich eine Funktion, so bestimmt mich der Andere, dass ich mich selbst bestimme, dies oder jenes zu übernehmen.“ (Hua XIV, 180) Ist die Familie, so Husserl, auch an und für sich nicht in dem Sinne zweckbezogen, daß sie einem umfassenden sozialen Zweck dient, so besitzt sie doch „sozialen Charakter“ (Hua XIV, 178): Der Tadel z. B. ist hier die Reaktion auf die Erschütterung einer Willensübereinkunft, die als eine von den Mitgliedern der Familie als gültig erachtete Übereinkunft sozialen Charakter aufweist.

Der personale Charakter ist für Husserl Wesensmerkmal eines bestimmten Typus von Gemeinschaft, und zwar der „Willensgemeinschaft“ als einer „Personalität höherer Ordnung". Im Gegensatz zur Sprachgemeinschaft, die diesen Charakter nicht aufweist, gibt es eine personale Verbindung etwa zwischen dem Dichter und seiner Leserschaft, dem Schauspieler und seinem Publikum, dem Wissenschaftler und seinen Forscherkollegen. In all diesen Fällen liegt eine personale Verbindung vor, die Husserl zufolge jedoch noch nicht eine Personalität höherer Ordnung stiftet.

Ausgehend von solchen personalen Verbindungen und auf dem Grund der Einfühlungserfahrung kann, so Husserl, Sympathie entstehen: Empfinde ich Sympathie, so befinde ich mich in einstimmiger Deckung mit dem Anderen, uns beiden ist eine gemeinsame, mit denselben geistigen Zügen ausgestattete Umwelt gegeben, in der wir mitsetzen, miturteilen, mitbewerten und mitbegehren. Nur sporadisch behandelt Husserl das Phänomen der Sympathie. Er geht in der Regel von der Einfühlungserfahrung aus, deren Analyse für ihn stets verbesserungswürdig blieb. Bei der Einfühlung und in dem Maße, in dem die gemeinsame Welt die Grundlage ist, bildet die Position des Anderen eine der für mich möglichen Positionen: Es geht darum, wie ich urteilen würde, wenn ich mich an seine Stelle versetzen würde, was ich tatsächlich tun kann. Im Fall der Sympathie bedauere ich nicht nur, was dem Anderen widerfährt, und bedauere es nicht nur so, wie ich es bedauern würde, wenn ich in jener Lage wäre, sondern ich leide jetzt selbst, es tut mir leid, daß dem Anderen dieses oder jenes widerfährt. Der Andere und sein aktives Verhalten sind jetzt Themen meines Wertens und meines Liebens, das heißt, daß die Sympathie die eigentliche Domäne von Liebe und Haß darstellt.

3. Personale Einheiten höherer Ordnung

Gemeinschaftsakte umfassen Vorstellungen, Überzeugungen, Wertungen, Entscheidungen darüber, was praktisch relevant ist. Hier zeigt sich das Paradox, daß ich zwar meine Stellungnahme als die meinige weiß, aber daß sie zumeist in Erfahrungen gründet, die Andere gemacht haben, so wie meine eigene Erfahrung Quelle für die Anderer sein kann. Auf diese Weise bilden sich dauernde Überzeugungen, aufgrund deren wir uns in gegenseitiger Übereinstimmung wissen. „[...] es gibt eine Gemeinschaftsüberzeugung, eine Gemeinschaftsschätzung, einen Gemeinschaftsentschluss, eine Gemeinschaftshandlung." (Hua XIV, 193) Diese sind vom Bewußtsein der Teilnahme begleitet. Ich nehme die Handlungen von Anderen zum eigenen Ausgangspunkt so wie diese die meinen.
Wie konstituieren sich nun in diesen gemeinschaftlichen Akten Husserl zufolge personale Einheiten höherer Ordnung? Die Einfühlung stiftet in der Präsenz meiner und der fremden Intentionalität einen personalen Zusammenhang. Darin erlebe ich meinen Willen und mein Streben wie auch den Willen und das Streben des Anderen sowie die Einheit einer Handlung oder deren unbegrenzte zeitliche Verlängerung („die Einheit eines Staats, einer Religion, einer Sprache, einer Literatur, einer Kunst" [Hua XIV, 194]) bzw. begrenzte soziale Formen, in denen sich Zwecke

und Handlungen bezüglich eines gemeinsamen Ziels vereinigen. Um die Konstitution der personalen Einheiten höherer Ordnung zu verdeutlichen, soll Husserls Auffassung vom Sein der Person näher betrachtet werden.

Für Husserl ist Personsein an die Möglichkeit zu andauernden, sich habitualisierenden Apperzeptionen und an eine als fremd begegnende Welt geknüpft, an übernommene Überzeugungen und zugleich die Möglichkeit, eigene Stellungnahmen zu vollziehen, an die Möglichkeit selbst zu wollen und zu werten. Dies impliziert eine relative Stabilität meines Ich, das Akte als Akte seiner Überzeugungen vollzieht. Ich anerkenne, daß meine vergangenen Handlungen, die ich im Horizont meiner praktischen Möglichkeiten ausführte, mir zugehören. Die passiv konstituierte Welt meiner Apperzeptionen bildet als meine Umwelt-Natur die Unterlage meiner praktischen Tatenwelt, in der die Präsenz des Anderen mir das Bewußtsein meiner eigenen Personalität ermöglicht.

In dem Maße, in dem sich Kommunikation hervorbildet, weiß sich ein jeder in einer kommunikativen Gemeinschaft vielen Subjekten mit einer gemeinsamen Umwelt gegenüber. Dies führt zur Bildung des Wir, demzufolge jeder sich als Anderer für den Anderen weiß und für den der Andere der ist, der für sich er selbst ist. Der einzelne orientiert sich hier in erster Linie an gemeinsamer Erfahrung, nicht an der eigenen. Auf diese Weise entwickelt sich eine Sensibilität mit einem gewissen Gemeinsinn: Ich sehe nicht nur mit meinen Sinnen, sondern auch mit denen der Anderen. Es besteht dann eine durch diese gemeinschaft-

lichen Sinnerfahrungen konstituierte gemeinsame Welt als Ergebnis kommunikativer Handlungen.
Husserl unterscheidet einseitige und wechselseitige kommunikative Handlungen. Erstere beziehen sich auf die Einheit des geschichtlichen Geistes: „Mein Leben und das Platons ist eins. Ich setze seine Lebensarbeit fort, [...] sein Streben, sein Wollen, sein Gestalten setzt sich in dem meinen fort." (Hua XIV, 198) In genau diesem Sinn interpretiert Husserl die Wissenschaft als eine Einheit höherer Ordnung: als ein durch Koexistenz und Austausch gekennzeichnetes Leistungsgebilde gemeinschaftlichen Arbeitens, das Personen in *einer* gemeinschaftlichen Personalität umfaßt, der *ein* bestimmtes Können zukommt.
Das Bewußtsein zeichnet sich für Husserl also dadurch aus, daß es mit einem anderen Bewußtsein übereinstimmen, dieses verstehen und in sich das konstituieren kann, was das andere konstituiert, so daß beide Subjekte dasselbe Objektfeld, ein *Gemeinsames*, intendieren. Die Möglichkeit hierzu gründet für Husserl in der Vergegenwärtigung, die er hier charakterisiert als „diese wunderbare Art, wie eben Bewusstsein in Bewusstsein sich spiegelt und in sich selbst dieses Spiegeln bewusstseinsmäßig findet und sich mit dem Spiegelbild ‚deckt' und damit das objektiv Identische hat" (Hua XIV, 199).
Auf diese Weise vereinigt sich Bewußtsein mit Bewußtsein zur Einheit des Überpersonalen. Darin ist implizit ein temporaler Bezug enthalten: Jeder lebendige Akt ruft aktuell lebendige Akte hervor oder holt solche aus der Vergangenheit zurück. Die Vergangenheit wirkt immer auf das Gegenwärtige ein:

„Die Zeitlichkeit des Wirkens (in die Zukunft) ist eine Wesenstatsache, das personale Wirken bezieht sich auf die Personalität in ihrer ureigentlichen Dauerkontinuität des Daseins etc., setzt aber doch die Kontinuität der Zeit, der immanenten Zeiten und der Weltextension, voraus." (Hua XIV, 200)

Diese Aussage ist von großer Tragweite für Husserls nachfolgende Auslegung des Gemeingeistes. Die Einheit einer personalen Gegenwart erstreckt sich auf jede gelebte Gegenwart, und so gehören zum Gemeinschaftsleben auch eine Lebenszeit und eine historische Zeit. Es besteht eine Analogie zwischen der persönlichen Zeit und der gemeinschaftlichen, es gibt Typen von Lebensaltern, es gibt das Altern selbst; doch das, was altert, ist nicht das Leben, sondern der Lebende.

Die Zeit ist von dem immer neuen Jetzt des personalen Einzelsubjekts her orientiert, das sein Leben als zeitlich verfließendes vor sich hat. Die Vergangenheit ist erledigte Wirklichkeit, die Gegenwart Wirklichkeit im Modus der ursprünglich seienden Wirklichkeit und die Zukunft erwartete, erhoffte Wirklichkeit, die in Gegenwart umzusetzen ist. Diese Lebenszeit versinkt allmählich ins Dunkel, je weiter wir in die Vergangenheit eintauchen. Es ist die Erzählung von Anderen, nicht die eigene Anschauung, die dem Begriff von unserer Geburt Sinn gibt. Entsprechendes ist anwendbar auf die historische Zeit des Lebens einer Gemeinschaft.

„Die Gemeinschaftssubjektivität ist eine vielköpfige Subjektivität." (Hua XIV, 218) Die Lebensgemeinschaft aus jenem Bewußtseinszusammenhang, zu dem sich ein ego mit anderen ego verbindet, ist von jedem einzelnen ego aus orientiert: Ein unbestimmter Horizont präsentiert ihm eine Vielheit von anderen Horizonten, wobei die Intensität der Vergemeinschaftung davon abhängt, in welchem Grad das ego an jener Vielheit partizipiert. Es entsteht eine Lebensgemeinschaft, an deren Aufbau jeder einzelne in fortschreitendem Austausch mitwirkt, wobei er Teile der Tradition, sie evtl. auch umdeutend, übernimmt (vgl. Hua XIV, 222 ff.). Auch die Gehalte der Tradition führen so in einen dunkel-diffusen Bereich eines interpersonalen Horizonts zurück. Ich greife nicht nur meine familiäre, die soziale und historische Tradition meiner unmittelbaren Umwelt auf, sondern ich partizipiere an den Traditionen all derer, mit denen ich interagiere und die ihren eigenen Traditionshorizont haben; solcherart vervielfältigt sich jeder traditionale Horizont in ebensovielen anderen Horizonten.

Bei den von Husserl so genannten „vielköpfigen Dauereinheiten“ (Hua XIV, 220) verfügt die Dauereinheit von gemeinschaftlich verbundenen Personen über ein dauerndes Wissen von sich: als Wissen der Gemeinschaft von sich selbst. Dessen Korrelat ist ein über der Einzelpersonalität sich aufbauendes dauerndes Leben, durch das die Gemeinschaftserinnerung, die ‚historische Tradition‘, hindurchreicht:

„Die Zeit ist von innen gesehen die Form der intentionalen Genesis. Es ist dann die Idee dieser Genesis als Gemeinschaftsgenesis, Genesis der in der Gemeinschaft als Gemeinschaft, in ihrem Gemeinschaftsleben, in ihren Gemeinschaftsakten und -affekten, sich konstituierenden

Gemeinschaftsleistungen, passive Genesen von Gemeinschaftsformen, Gemeinschaftswerken etc." (Hua XIV, 221)

Die in diesem Text enthaltene methodische Überlegung besagt: Die Phänomenologie des Sozialen hat die passive Genesis als Quelle der Gemeinschaftsformen entdeckt.
Beschreibt Husserl die Konstitution des Gemeinschaftslebens mit einigen konkreten Fällen sehr klar, so vermißt man entsprechende Analysen zur Vergemeinschaftung von Gemeinschaften. Was verbindet z. B. die europäische Gemeinschaft – das „europäische Menschentum" – mit einer nichteuropäischen, etwa mit der patagonischen? Der Umstand, einen Glauben, ein Schicksal etc. zu teilen, stiftet Husserl zufolge in der Einheit eines Gemeinschaftslebens einen dauernden Gemein-Sinn und ein durch ihn erwirktes Zusammenleben. Wird das Problem so angegangen, mündet es in die Feststellung von im Verhältnis zueinander isolierten gemeinschaftlichen Umwelten. Daß hier ein entgegengesetzter Weg der Analyse eingeschlagen werden kann, beruht in dem Sachverhalt, daß jedes Volk, weil es Vorstellung von sich selbst besitzt, sich auch andere Völker in der Form des alter vorstellen und auf diese Weise Gemeinschaften höherer Ordnung aufbauen kann, die jene umfassen.[46]
Auf dieser Stufe der Untersuchung ist das soziale Phänomen keine bloße Abstraktion mehr. Es verkörpert sich in allen allgemeinen Weisen interpersonaler Bezie-

46 Vgl. z. B. A. Diemer, Die große Umorientierung, in: Wertwandel und gesellschaftlicher Wandel, hrsg. von H. Klages und P. Kmieciak, Frankfurt a. M./New York 1979, 573–596.

hung (wie im Miteinander, Füreinander, Nebeneinander, Gegeneinander etc.) sowie in Arten von spezifischen Beziehungen, die Personen untereinander eingehen können. Es zeigt sich hier die organische Einheit einer Menschheit, wo Menschen geboren werden und andere sterben. Es gibt keine vollkommen isolierte personale Handlung, da der eine für den Anderen aufgrund von Einfühlung in einem gemeinsamen Lebenshorizont steht. In diesem Ganzen faktischer sozialer Handlung konkretisiert sich das menschliche Leben als Kultur. Die Geschichte dieses Lebens ist die Geschichte der Menschheit.

D. Das absolute Faktum

1. Statische und genetische Phänomenologie

Im folgenden soll die Verknüpfung von Gegenstand und Methode, die die Einheit von Husserls Denkens sichtbar werden läßt, herausgestellt werden. Zu diesem Zweck beziehen wir uns erneut auf die Positionen der statischen und genetischen Phänomenologie.[47] Die oben gewonnenen Bestimmungen der statischen und genetischen Analyse lassen erkennen, daß beide Verfahren einander nicht ausschließen, sondern ergänzen.[48]

---

47 Siehe I. Yamaguchi, Passive Synthesis [...], a. a. O. 11 ff.

48 Vgl. die Feststellung von I. Yamaguchi: „[...] die statische Phänomenologie zeigt die Struktureinheit der Konstitutionen, und der Erfolg dieser Analyse wird in der Frage der Entwicklung, des Werdens, rekonstruktiv betrachtet, dann wird dadurch oft eine noch

Die die statische Analyse ergänzende genetische bereichert den Problemgehalt einer Theorie der Intersubjektivität und damit den der Transzendentalphilosophie. Sie belegt in letzter Instanz die Notwendigkeit, die historische Dimension des Lebens zu berücksichtigen und sich dabei auf der Ebene einer transzendentalen Lebensphilosophie zu bewegen. Wie gelangen wir zu der genetischen Klärung dessen, was statisch beschrieben wurde? Die Antwort ist: Auf dem Wege eines Zurückfragens. Indem jede Konstitutionsebene ins Auge gefaßt wird, vertieft sich der Ansatz, die verschiedenen Schichten können freigelegt werden. Es handelt sich dabei nicht um eine unabschließbare Aufdeckungsarbeit im Sinne des infiniten Regresses. Im Bereich transzendentaler Phänomenologie markiert die genetische Analyse die ‚philosophische Grenze', jenseits derer die Applizierung der Reduktion jeden Sinn verliert. Wir wohnen unserer „transzendentalen Geburt" (Ms. E III 9, 4 a) bei.
Die Frage nach der Genesis der Primordialität, des der Monade Eigenen, somit die Frage nach ihrer Individuation verweist auf die Genesis der Dispositionen, die aus den ichlichen Operationen resultieren, auf das Ich als Substrat von Habitualitäten. Das Ich ist mehr als der feste Pol im Erlebnisfluß. Die Rückfrage führt auf die „transzendentale Selbstzeitigung des ego in

nicht erklärte, verborgene Schicht der Motivationen ins Auge gefaßt, und dieser neue Bereich wird wieder in die statischen Analysen eingebracht usw. Unter dieser Einsicht der zickzackartigen Vertiefung kann man die ganze Entfaltung der Forschung der passiven Synthesis nach den zwanziger Jahren in einem einheitlichen Blick überschauen." (Ebd. 14) der stehend-urtümlichen Vor-Gegenwart“ (Hua XV, 667).[49] Sie gelangt zu einem „ichlosen Strömen“ (Hua XV, 598), das in einer triebhaften Urintentionalität manifest wird.

„Und das so konstituierte Bewußtsein von Objekten muß ein Horizontbewußtsein voraussetzen, weil jedes skizzierte Objekt einen vor allen Identifikationen liegenden, undifferenzierten Hintergrund voraussetzt. Diese Basis ist mit dem Begriff ‚Urhorizont‘ zu verbinden, dessen Analyse – in einem neuen Vertiefungsgrad der lebendigen Gegenwart – zu der Auflösung des vom Ich der Akte vorausgesetzten, urtümlichen Strömen in einer radikal vor-ichlichen Schichte führt, die sich in einer Triebintentionalität zeigt.“[50]

2. *Die triebhafte Urintentionalität*

Die auf „das letzte Transzendentale“ (Hua XV, 584) zielende Rückfrage zeigt das urtümliche Ich mit solchen Charakteristiken, die von der ursprünglichsten der anvisierten Schichten her verstanden werden müssen. Das urtümliche Ich ist transzendental in dem Sinne, daß es nicht Attribut der die Welt konstituierenden ichlichen Akte ist, sondern ihnen vorausgeht – in einem Bereich, der Bedingung ihrer Möglichkeit ist. *„Dieses ego ist das im absoluten Sinn einzige, der keine sinnvolle Vervielfältigung zulässt,* noch schärfer ausgedrückt, *als sinnlos ausschliesst.*“ (Hua XV, 589 f.)

---

49 Vgl. R. Walton, Génesis y anticipación en el horizonte temporal, in: Escritos de filosofía 5 (1980) 35–53. Dort findet sich eine knappe gründliche Auslegung dessen, was das „absolute und urtümliche Vor-Sein des Strömens“ (Hua XV, 585) impliziert.
50 Ebd. 48.

Diese Aussage verstehen wollen heißt, sich auf jene letzte Ebene zu begeben, wo nur äquivok vom ego gesprochen werden kann, da ja dort die ausdrückliche Differenzierung Ich – Anderer noch nicht stattgefunden hat. Rechenschaft über den Sinn abzulegen, in dem dieses ‚ego' einzigartig ist, heißt auch das zu explizieren, was Husserl meint, wenn er schreibt: „Ich trage alle Anderen in mir als selbstappräsentierte und zu appräsentierende und als mich selbst ebenso in sich tragende."[51]

Ein einzigartiges Sein, das das einzigartige Sein der anderen Ich nicht ausschließt, ist die totale wechselseitige Implikation im Ausgangspunkt der Entwicklung des Menschen. Dies führt auf ein Thema von zentraler Bedeutung, auf das hier nur hingewiesen werden kann. Die gelebte Konvergenz setzt eine gelebte Gegenwart voraus.[52] Mit der Aufschlüsselung des doppelten Sinnes von Gegenwart, als konstituierte Gegenwart *und* konstituierende Subjektivität, als ‚urquellende' intersubjektive Lebendigkeit, hat Husserl etwas Neues entdeckt, auch wenn er zugibt, er habe die entsprechende Terminologie nicht gefunden.[53] „‚Vor' der Welt liegt die Weltkonstitution, liegt meine Selbstzeitigung in der Vorzeit und liegt die intersubjektive Zeitigung in der intersubjektiven Vorzeit." (Hua XV, 597) Die Gemeinschaftszeit basiert auf dem

---

51 Ms. C 3, 44 a – 45 b; zitiert von I. Kern in Hua XV, XLIX.

52 Zum Thema ‚Zeit' bei Husserl vgl. K. Held, Lebendige Gegenwart, Den Haag: M. Nijhoff 1972; ders., Die Phänomenologie der Zeit nach Husserl, in: Perspektiven der Philosophie 7 (1981) 185–221.

53 Ms. C 3, 44 a – 45 b; zitiert von I. Kern in Hua XV, XLIX f.

auf dem Urgrund passiver Naturkonstitution: Wir teilen die Welt mit denjenigen, mit denen wir in einer Gegenwart sinnlicher Apperzeption zusammenleben.[54]
In der lebendigen Gegenwart verknüpft sich das „Mitsein der Anderen“ zu einer „archontischen Gemeinschaft“ (Hua XV, 670). Dies bildet zweifelsohne das Fundament einer ‚prästabilierten Harmonie‘, die in der Husserlschen Monadologie, die mit der Enthüllung einer triebhaften Urintentionalität entwickelt wird, sich abzeichnet.

a. Der transzendentale Charakter der Triebintentionalität

Wenn Husserl in einem Text von 1922 über die absolute Monadologie als Erweiterung der transzendentalen Egologie nachdenkt und die „Bedingungen der Möglichkeit für die höhere Entwicklung einer personalen Geschichte“ (Hua XIV, 272) in den Blick nimmt, stellt er die Frage nach der Eigengesetzlichkeit der Monadenentwicklung und zielt auf eine Art anonym und passiv fungierender Einfühlung ab, auf die wir vom Standpunkt der intersubjektiven Zeitlich-

---

[54] „[...] *die gemeinsame Zeit ist nicht erst Produkt objektivierender Apperzeptionsleistungen, sondern schon im passiven Untergrund der Subjektivität vorgezeichnet.* Nur weil wir diesen passiven Untergrund mit den Anderen teilen, weil er nicht nur das Eigene des jeweils Einzelnen ist, sondern durch alle hindurchgeht, gibt es für uns gemeinsame Zeit. Sie ist lebensweltlich gemeinsame und damit intersubjektive Zeit.“ L. Landgrebe, Meditation über Husserls Wort „Die Geschichte ist das große Factum des absoluten Sein“, in: ders., Faktizität und Individuation, Hamburg 1982, 51.

keit verwiesen haben. Diese Frage präzisiert er zwei Jahre später: „Wie soll man sich ursprüngliche Instinkte in ihrer phänomenologischen Innerlichkeit und Eigenheit ‚denken'?" (Hua XIV, 333)
In einem Text von 1927 (Hua XIV, 405) bezieht Husserl Stellung zu dieser Problematik und sagt, daß die Passivität, das instinktive Triebleben, einen intersubjektiven Zusammenhang herstellen kann. Dort analysiert er die Geschlechtsgemeinschaft als geschlechtliches Instinktleben, das seine wesentliche Intersubjektivität in der Trieberfüllung sieht. Dabei verläßt Husserl den transzendentalen Boden nicht; denn er betont, daß „auch diese Passivität in den Rahmen der reinen Subjektivität gehört und in phänomenologischer Reduktion als solche erforschbar ist" (ebd.). Um diesen Bereich zu erfassen, ist jede ‚natürliche' Interpretation vom transzendentalen Sinn des Instinktiven fernzuhalten:

„Natürlich ist dieser psychologische Begriff des Instinktes (die Urtriebe und die neu durchgebrochenen Triebe höherer Stufe), der eingeboren sein soll der einzelnen Seele und der seelischen Verbundenheit – ein konstituiertes Gebilde und gehört zur konstituierten Welt. Demgegenüber führt die transzendentale Forschung auf die Probleme einer transzendentalen Genesis, zu der die transzendentalen Instinkte gehören, als Grundbegriff der transzendentalen Teleologie."[55]

Im gleichen Sinn spricht sich Husserl aus, wenn er in einer Beschreibung der Mutter-Kind-Beziehung – diese Beschreibung entwickelt er als eine genetische

[55] Ms. E III 9, 6 b (1933); zitiert von I. Yamaguchi, Passive Synthesis [...], a. a. O. 57.

Analyse in ‚biophysischer' Hinsicht –, das transzendentale Moment betont. Die Mutter war ein Mädchen, sie versteht das Kindsein von ihrer eigenen Vergangenheit her etc. Mit diesem Ansatz stehen wir noch nicht im transzendentalen Bereich. Die Wendung zu diesem hin wird jedoch klar angekündigt:

„[...] sage ich mir, dass darin beschlossen auch mein menschliches Sein mein apperzeptives Gebilde ist, mit allen Stadien der kindlichen Entwicklung bis zur Reife und in den weiteren Stadien meines reifen menschlichen Daseins, so zwingt mich das zur transzendental-phänomenologischen Einstellung und Methode." (Hua XV, 583)

Die Mutter-Kind-Erfahrung ist eine reale ‚biophysische Erfahrung', die transzendental erhellt werden muß.

b. Die ‚erste Einfühlung'

Von dem Moment an, wo in der Analyse die triebhafte Intersubjektivität eine Rolle spielt, bezeichnet Einfühlung die Erfahrung auf einer „tieferen" Schicht,[56] als es diejenige ist, die u. a. in der V. CM expliziert wird. In diesem Sinne sagt Husserl: „In der primordialen Sphäre haben wir schon Einfühlung, aber eben ausser Funktion gesetzt und selbst anonym."[57] Wie ist der Trieb zu verstehen, der dazu führt, daß die einzelnen ego aufeinander bezogen sind?

---

56 Bei unserer Untersuchung des transzendentalen Bereichs des Triebhaften stützen wir uns auf die von I. Yamaguchi, a. a. O. zitierten Manuskripte.

57 Ms. C 16 IV, 28 (1932); zitiert ebd. 103.

„*Meine transzendentale Geburt.* Die angeborenen Instinkte – die wach werdenden Instinkte im Strömen der ‚passiven', der ‚Ich-losen', der Urboden konstituierenden Zeitigung. Sie werden ‚der Reihe nach wach', das sagt, von den im Urboden sich konstituierenden Einheiten gehen auf den Ichpol Affektionen aus."[58]

Diese Aussage führt auf den Kern der Problematik. In der Geschichte des ichlosen Bewußtseins kann es Vorkommnisse geben, die auf ein Moment hinzielen: Ich werde transzendental geboren, und das auf eine ganz rudimentäre Weise, nämlich vorreflexiv, aber trotzdem nicht sinnfrei. Im Gegenteil, meine transzendentale Geburt betrifft die Urgeschichte des Sinnes im Ichlosen, das aller Differenzierung vorausgeht. Wie beschreibt Husserl diese Vorgänge?

Die genetische Analyse führt Husserl zur Aufdekkung der triebhaften Intentionalität. Die Analyse ihrer Konstitution zeigt ihr funktionales Verwobensein mit der Urassoziation, eine Schichtenstruktur beider Funktionen wird sichtbar. Die Triebintentionalität charakterisiert Husserl daher als „Prinzip der ‚Assoziation' der Affekte" oder als „Uraffektion".[59] Eine solche Affektion des Impulses besitzt nicht von Anfang an ein Objekt, eine bestimmte Richtung. Man könnte von einem verborgenen, kaum erahnten Objekt des ursprünglichen Stadiums des angeborenen Impulses sprechen. Er selbst erlangt schrittweise seine synthetisierende Fähigkeit, seine effektive Erfüllung, vermittels derjenigen Komponenten, die die

---

58 Ms. E III 9, 4 a (1933); zitiert ebd. 56 f. (Hervorhebung von mir).
59 Ms A VII 13, 24 a (1921); zitiert ebd. 59.

Urstruktur des Wahrnehmungsfeldes bilden: der Kinästhesen und der Möglichkeit, über Sensibilität zu verfügen:

„Das System der Triebintentionalität ist ein System von assoziativ verflochtenen Trieben, ein System von Triebassoziationen, durch Assoziationen sich modifizierend zu ausgebildeten Vermögen, die nicht mechanisch aber in der Gesetzmäßigkeit der Triebpassivität [...] des stetig affizierten und den Affektionen nachgebenden Ich sich notwendig in solchen Formen ausbildet: vorausgesetzt dass eine gesetzliche Zuordnung von Empfindungsbildern und kinästhetischen Verläufen besteht, [...]“[60]

Eine solche Kinästhese spielt eine wichtige Rolle bei der Herausbildung eines Gewohnheitssystems[61] von Triebassoziationen:

„Der konstitutive Prozess der Genesis erwächst aus einer ursprünglichen Triebhaftigkeit, in der kinästhetische subjektive Bewegungen in faktischer Begleitung von ‚Empfindungsbildern‘ verlaufen, also aus einer ursprünglich ziellosen Bewegungsintentionalität; diese wird zu einer nach Optima orientierten und diese Optima durch Ähnlichkeitsverläufe hindurch hindurch-intendierenden kontinuierlichen Intentionalität, einer zielbestimmten.“[62]

Im oben zitierten Text von 1933, im Zusammenhang der Rede vom „urtümlichen kontinuierlichen Fließen“, heißt es: „Die Primordialität ist ein Triebsy-

60 Ebd.
61 Von diesem habituellen, ‚eingeborenen‘ System muß die erworbene Habitualität, die zur Konkretion des ego auf einer höheren Stufe gehört, unterschieden werden. Vgl. R. Walton, Génesis y anticipación [...], a. a. O. 50 ff.
62 Ms. A VII 13, 23 a; zitiert von I. Yamaguchi, a. a. O. 59.

stem.“ (Hua XV, 594)[63] Husserl sucht hier die Intersubjektivität ausgehend von der Triebintentionalität und den verschiedenen Formen passiver Synthesis zu fundieren. Er legt das Miteinander und Ineinander aller Monaden in einer universalen Entwicklung in Form von relativen Monadenwelten frei. Diese strömende Monadenentwicklung, die in einer universalen Teleologie ihre Orientierung erhält, intendiert das in einem unendlichen Progreß zu realisierende universale Selbstbewußtsein. Die notwendig vorauszusetzende universale Triebintentionalität ist eine solche, „die jede urtümliche Gegenwart als stehende Zeitigung einheitlich ausmacht und konkret von Gegenwart zu Gegenwart forttreibt derart, dass aller Inhalt Inhalt von Trieberfüllung ist und vor dem Ziel intendiert ist“ (Hua XV, 595).

Diese Verwirklichung wird für Husserl im Geschlechtstrieb manifest. Dessen Erfüllung faßt er nicht als Summe isolierter Befriedigungen einer jeden der beteiligten Primordialitäten; vielmehr ist sie zu verstehen als „eine sich durch das Ineinander der Erfüllungen herstellende Einheit der beiden Primordialitäten“ (Hua XV, 594). Husserl betont das anziehende Ziel im Sexualtrieb, das gerade der Andere ist. „Im Trieb selbst liegt die Bezogenheit auf den Anderen als Anderen und auf seinen korrelativen Trieb.“ (Hua XV, 593 f.) Insofern es hier um die wech-

[63] Der Text Nr. 34 von Hua XV (593 ff.), dem das angeführte Zitat entstammt, wurde von St. Strasser, Grundgedanken der Sozialontologie Edmund Husserls (in: Zeitschrift für philosophische Forschung 29 [1975] 3–33), I. Yamaguchi, a. a. O. 111, und R. Walton, a. a. O. 35 ff., ausführlich analysiert.

selseitige Befriedigung der Triebintentionalität geht, kann man sagen, daß bereits auf dieser Stufe der Primordialität von einer monadischen Isolierung nicht die Rede sein kann. Dieser Befund festigt die Überzeugung, daß das Schlüsselwort für die Phänomenologie nicht ‚Immanenz', sondern ‚Transzendenz' lautet.

Auch die transzendentale Analyse der Mutter-Kind-Beziehung läßt eine assoziativ-paarende Wahrnehmung des Leibes des Anderen mit dem meinigen sichtbar werden, eine Apperzeption, in der in frühester Kindheit im anonymen Fungieren des Leibes auf der ‚untersten', ursprünglichen Schicht der Primordialität die Beziehung ursprünglicher Wechselseitigkeit gestiftet wird (Hua XV, 604 ff., 580 ff.). Der phylogenetischen Entwicklung entspricht eine Urstruktur, die jede Monade aufweist, die geboren wird. Als Teil des Ererbten werden ein Leerhorizont, der Zeithorizont und auch das ursprüngliche Zeitbewußtsein als Ort erstursprünglicher Assoziation und der Konstitution selbst konstituiert. Das ist die Ausstattung der Monade am dunklen urichlichen Ausgangspunkt.

Die instinktive ursprüngliche Mutter-Kind-Verbindung darf nicht so verstanden werden, als ob es darin einen deutlich abgrenzbaren Anfang gäbe. Die Mutter versteht ihr Kind von ihrem eigenen Kindsein her, aber der genaue Moment des Zutagetretens dieses Verständnisses verbirgt sich ihr. Jeder kann sich fragen, wie er seine Reife erlangte: Ich erinnere mich an die Zeit der Kindheit, aber ich apperzipiere mich auch mit einem nicht erinnerungsmäßigen Vergangenheitshorizont in einem Entwicklungsstadium der Urkindlichkeit. Hinsichtlich des ersten Transzendentalen kann ich weder von Zeitmodalitäten noch von strömend lebendiger Gegenwart sprechen. Es handelt sich um die Schicht des Urseins und der Uraktivität. Dieses Ursein, dessen Verbindung zum Sein der Mutter wir herausgestellt haben, beschreibt Husserl wie folgt:

„Die Methode der Überwindung der Naivität: die letzte Reduktion, die den schauenden Blick richtet auf das absolute urtümliche Leben, auf das urtümliche Ich-bin, auf das Strömen, auf das urpassive Strömen, auf das Ich-tue, Ich-identifiziere etc., aber als im Strömen verströmend – [...] Aber ständig halte ich im Auge das absolute urtümliche Vorsein des Strömens, in dem ich bin, vermöglich tuend." (Hua XV, 585)

Die „erste Einfühlung" vollzieht das „Urkind", das im Mutterschoß kinästhetisch erlebt und schon „Dinge" hat, wenn es sich bewegt; das gerade „neugeborene" Kind verfügt über erworbene Erfahrungen und ist damit erfahrend in einem höheren Grade (Hua XV, 604). In ihm ist der primordiale Leib bereits konfiguriert, angesichts dessen sich Husserl fragt, ob die Mutter als primordiale körperliche Einheit erscheint. Mit Sicherheit tritt sie später als visuelle und taktile Einheit auf. „Sowie der Geruch der Mutterbrust und die Lippenberührungsempfindung eintritt, ist eine instinktive Richtung auf das Trinken geweckt und eine ursprünglich angepasste Kinästhese tritt ins Spiel."[64]

„Das Kind begehrt nach der Mutter in der normalen ‚Ansicht', in der sich ursprüngliche Bedürfnisse des Kindes

---

64 Ms. C 16 IV, 1 (1932); zitiert von I. Yamaguchi, a. a. O. 117.

erfüllen, es schreit unwillkürlich, öfters ‚wirkt' das [...] Diese erste Mutter als Identisches, Wiedererkanntes und als ‚Prämisse' für die Erfüllung des Begehrens; wenn sie kommt und da ist, so tritt Erfüllung ein." (Hua XV, 605)

Auf diese Weise konstituiert sich primordial eine intersubjektive Verbindung als eine impulsive und wechselseitige Kommunikation, eine passive Einfühlung zwischen fungierenden anomymen Leibern. Zwischen Mutter und Kind ergibt sich die wechselseitige Befriedigung eines wechselseitigen Impulses. In diesem Sinn erscheint es zulässig, die Forschungen von Spitz[65] über die dauernde Wechselbeziehung des Kindes mit der Mutter im Verlauf des ersten Lebensjahres transzendental zu interpretieren.
Vor dem ‚Erwachen' war die kindliche Monade eine Anlage zur Person; doch das Kind hat Eltern als Mitglieder einer in der historischen Zeitlichkeit lebenden Gemeinschaft. „Die Lebendigen wecken den Unlebendigen." (Hua XV, 604) In dieser Aussage muß „Unlebendige" als Synomym für ‚nicht Aufgeweckte' verstanden werden, die noch nicht ‚Subjekt' eigener transzendentaler Geburt geworden sind. Diese Themen führen uns zum Verhältnis von Intersubjektivität und Geschichte.

3. Das absolute Faktum

Wir stehen in der letztfundierenden Schicht von Husserls Theorie der Intersubjektivität. Wir sind in den Bereich des Ur-Ich vorgestoßen und haben dort die

[65] R. Spitz, Vom Säugling zum Kleinkind, Stuttgart 1967.

Entwicklung einer Geschichte entdeckt, in der sich das Ich von einer bestimmten Konstitutionsphase an von dem Anderen unterscheidet, dann nämlich, wenn das Ur-Ich sich für sich selbst „transzendental deklinierbar" (Hua VI, 188) macht, insofern „es also von sich aus und in sich die transzendentale Intersubjektivität konstituiert, der es sich dann zurechnet, als bloß bevorzugtes Glied, nämlich als Ich der transzendentalen Anderen" (Hua VI, 188 f.). Dieses nach der Reduktion erkannte Ich kann sich, so Husserl, nur aufgrund einer unaufhebbaren Äquivokation ‚Ich' nennen:

„Wenn ich also von mir als *einem* Ich spreche, so spreche ich von mir so, wie ich für die Anderen bin, und nicht so, wie ich für mich selbst bin. Dieser unmittelbare Bezug eines Jeden auf sich selbst, dieses Verhältnis meiner zu mir selbst ist also in seiner Ursprünglichkeit unaussprechlich. Darin hat der Satz ‚individuum est ineffabile' seinen letzten Grund. Es ist nicht bloß ein Problem der Sprachlogik."[66]

Wie die genetische Analyse der passiven Synthesis aufdeckt, gibt es Geschichte, weil es Einzel- und Gesamtsedimentierung gibt, eine „innere Geschichtlichkeit jeder Einzelnen, und als einzelne in ihrer inneren Geschichtlichkeit mit der anderer vergemeinschafteter Personen" (Hua VI, 381, Anm. 1). Jede Monade gründet in sich selbst und ist deshalb absolut und unwiederholbar und wird für ihre transzendentale Geschichte geboren. Sie hat als conditio sine qua non einen Leib, der auch ‚Subjekt' einer Geschichte, einer transzendentalen Vorgeschichte, ist. Wenn die Mo-

---

[66] L. Landgrebe, Meditation über Husserls Wort [...], a. a. O. 42.

nade sich vom Du unterscheidet und sich als Ich setzt, übernimmt sie in einem die eigene und auch die sedimentierte Geschichte der Anderen und stiftet so einen neuen Anfang, insofern sie zu der durch Tradition sedimentierten Geschichte Stellung nimmt.

„Aber jede Monade entfaltet ihre eigene Geschichte, freilich im Gemeinschaftszusammenhang, in dem sie im gegenseitigen Hineinwirken sedimentierte Erfahrungen der Anderen aufnimmt. Daher ist diese Geschichte der Bereich der absoluten Faktizität und das Faktum des absoluten Seins."[67]

Diese Überlegungen erlauben es, einen Widerspruch zwischen zwei einander anscheinend ausschließenden Aussagen Husserls aufzulösen. Zum einen bezeichnet Husserl das lebendige gegenwärtige Ich als ein factum absolutum (Hua XV, 386, 403): „Ich bin das Urfaktum in diesem Gang [...]" (Hua XV, 386) Und: „Das gilt ebenso selbstverständlich für das ‚Absolute', die transzendentale Intersubjektivität überhaupt." (Hua XV, 403) Zum anderen formuliert er: „Die Geschichte ist das große Faktum des absoluten Seins."(Hua VIII, 506) Diese Problematik wurde von L. Landgrebe[68] in einer Weise behandelt, die es erlaubt, jene von uns eingangs postulierte Einheitlichkeit von Husserls Ausführungen zur Intersubjektivität zu begründen.
Bei der Analyse der lebendigen strömenden Gegenwart wendet Husserl die genetische Phänomenologie an. Dabei wird die Analyse des transzendentalen Ich,

---

67 Ebd. 47.

68 Vgl. L. Landgrebe, Die Phänomenologie als transzendentale Theorie der Geschichte, in: Phänomenologische Forschungen 3 (1976) 17–45, und ders., Meditation über Husserls Wort [...], a. a. O.

in dem allein für Husserl apodiktische Selbstgewißheit gründet, auf das faktische Ich zurückverwiesen: „Aber das Eidos transzendentales Ich ist undenkbar ohne transzendentales Ich als faktisches." (Hua XV, 385) Auf diese Weise zeigt sich die apodiktische Struktur der transzendentalen Wirklichkeit als „absolute Tatsache" (Hua XV, 403), „absolutes Faktum"[69]. Hatte Husserl in den „Ideen I" die Zufälligkeit des einzelnen Faktums bezüglich seines Wesens betont, so erscheint jetzt umgekehrt das Wesentliche als solches, das sich selbst verstehen kann (Hua XV, 386). Dieser Rekurs auf das Absolute, die absolute Tatsache, markiert nicht den Übergang zu einer spekulativen Metaphysik – eine Interpretation, die im Husserlschen Kontext ausgeschlossen wird –, sondern besagt den Aufweis einer Grenze, die darin besteht, die reflexive Analyse bis an ihr Extrem geführt zu haben, nämlich bis dorthin, wo das Bewußtsein als transzendentales Leben als eine letzte, irreduzible Tatsache erscheint. Wird die egologische Reflexion als genetisches Zurückfragen durchgeführt, stößt sie in den Quellen der konstituierenden Funktionen der Subjektivität auf den Ursprung aller Vorstellungen, der kinästhetischen Fähigkeit, des Fähigseins und Könnens, worauf Husserl schon in den „Ideen II" (Hua IV, 261) hinwies. Diese ‚tiefste' Schicht der Reflexion führt auf den Leib und seine motorischen Aktionsmöglichkeiten, deren Gebrauch zu erlernen ist und die den Zugang zur Umwelt ermöglichen. Der Leib erscheint mir als

[69] Ms K III 12, 34 f.; zitiert von L. Landgrebe, Die Phänomenologie als transzendentale Theorie [...], a. a. O. 23.

mein eigener, als eine ‚Natur', die nicht objektive Natur ist, sofern letztere die Konstitution der ersteren voraussetzt. Das ‚sich bewegen können' gründet als transzendentale kinästhetische Funktion in der Zeitkonstitution. Als ursprüngliche Sphäre ist der Leib transzendentale Bedingung der Möglichkeit aller höheren Bewußtseinsstufen. Ein Körper individualisiert sich, wenn er sich als eigener, als Leib, erfährt: „Die Entdeckung des Mein geht der Entdekkung des Ich voran."[70] Die Erfahrung dieses Könnens erschließt all mein ‚da', auch eines jeden Anderen, als Gewißheit lebendiger Funktionsgegenwart,[71] in der das absolute Faktum erreicht wird.

‚Schon da' ist die Modalität der Präsenz des letztfungierenden Ich, das dem allzeitlichen Ich höherer konstitutiver Funktionen zugrunde liegt. Es ist eine Gegebenheit, mit der das Ich zusammenstößt, und zwar genau im Modus des ‚schon da'; es zeigt mit apodiktischer Gewißheit diese Gegenwart lebendiger Funktion, ‚hinter' der es nichts weiteres mehr gibt, und genau in diesem Sinn ist diese absolutes Faktum. Als letztes Fundament besitzt sie den Charakter einer Grenze, auf die die Reflexion letztendlich stößt.

Auf diese Weise erfährt sich das Ich selbst in seinem Können als gewordenes Vermögen, das erlernt und eingeübt wurde, als Geschichte seiner Erfahrung, in der dieses Können sich herausgebildet hat. Auch wenn das Können zuerst als Geschichte des Lebens in Erscheinung tritt, so besteht es doch schon von Anbe-

---

70 Hua IV, zitiert von L. Landgrebe, a. a. O. 36.
71 L. Landgrebe, ebd.

ginn der anonymen vorichlichen Tätigkeit an. Wir stoßen auf es mit der Frage nach dem Warum als der ursprünglichen Frage nach der Geschichte (Hua XV, 420), aber hier handelt es sich um die innere Geschichtlichkeit, die allem Erinnern als dessen Grundlage vorausgeht. In diesem ‚da' erscheint die Geschichtlichkeit des Lebens eines jeden einzelnen, die unersetzlich, nicht unterdrückbar und getrennt vom Anderen ist. Wie kommt der Andere in diese innere Geschichtlichkeit herein? Besser: Auf welche Weise ist er schon immer ‚mit' da? Wie steht es mit dem ‚Fenster' der Monade in dieser letzten Schicht, der eigenen inneren Geschichtlichkeit?

Husserls genetisch-transzendentale Analysen der Intersubjektivität machen deutlich, daß die „je-eigene Zeitlichkeit und innere Geschichtlichkeit apriori in einer Beziehung steht zu der der Anderen, so daß eine gemeinsame Zeit möglich wird und mit Recht von einer Ur-intersubjektivität gesprochen werden kann, die gleich ursprünglich mit dem jeweils vereinzelten ‚Ur-Ich' ist, derart, daß eines nicht ohne das andere sein kann".[72] Die hier von Husserl gewiesene Richtung stimmt mit dem überein, was wir im Aufweis der Triebintentionalität dargelegt haben. Diese Intentionalität betrifft das Urstreben der Monade, in der Form des Sexualtriebes und der Mutter-Kind-Beziehung. In ihr erhellt die Geschichte als lebendige Bewegung des ‚mit dem Anderen' und des ‚in dem Anderen'. Dies führt zu der Feststellung, daß das Fenster der Monade in dieser letzten Schicht mit dem Urtrieb

[72] Ebd. 40.

gleichzusetzen ist, der immer auf den Anderen bezogen ist, in dem er sein Gegenstück und seine Befriedigung findet. Wir dürfen also mit Landgrebe folgern: „In seiner Ur-einigung in der Doppelheit gründet die Möglichkeit der Analogie von Mitgegenwart und Selbstgegenwart, [...]“[73] Hier stößt man auf die Gewißheit des Da des Anderen. Im Streben nach dem Anderen, das diesen als ein Gegenstück entdeckt, konstituiert eine ursprüngliche passive Erfahrung eine Einheit, die zugleich absolutes Getrenntsein ist. Diese Erfahrung ist „absolute Erfahrung“.[74] Der absolute Charakter des Urfaktums, des Ich selbst, das lebendiges gegenwärtiges Faktum ist, und die Geschichte, der der gleiche Charakter zuzuschreiben ist, verbinden sich in einem wechselseitigen Verhältnis, das die genetische Phänomenologie im Kontext der Monadologie sichtbar macht.

---

[73] Ebd. 42.

[74] L. Landgrebe, Der phänomenologische Begriff der Erfahrung, in: ders., Faktizität und Individuation, a. a. O. 70.

IV. Exkurs: Positionen der neueren Sekundärliteratur

Unsere Untersuchung hat uns an einen Punkt geführt, von dem aus wir unsere eingangs aufgestellte These, die in Husserls Analysen zur Intersubjektivität eine *Theorie* nachweisen will, belegen können. Bekanntlich handelt es sich bei diesen Analysen um eines derjenigen Grundstücke von Husserls Phänomenologie, das die nachhaltigste Kritik hervorgerufen hat. Sollte diese Kritik Bestand haben, würde damit der ganzen Husserlschen Phänomenologie der Boden entzogen. Bevor wir abschließend nachweisen, daß Husserls Analysen zur Intersubjektivität eine Theorie in dem von uns gekennzeichneten Sinn implizieren, wollen wir deshalb zur neueren Sekundärliteratur Stellung nehmen. Zunächst setzen wir uns mit den wichtigsten Positionen, die in der neueren Literatur zum Thema des Intersubjektiven bei Husserl bezogen werden, auseinander. Im Anschluß daran prüfen wir einige Argumente, die zur These einer Einheit in Husserls Denken vorgebracht wurden.

1. Husserls Analysen zur Intersubjektivität in der neueren Diskussion: G. Römpp, K. Schuhmann, R. Kozlowski

Im folgenden beziehe ich mich auf die Arbeiten von Georg Römpp, „Husserls Phänomenologie der Intersubjektivität" (1992), und von Richard Kozlowski, „Die Aporien der Intersubjektivität" (1991). Karl Schuhmanns Arbeit „Husserls Staatsphilosophie" (1988) stellt die Beziehung zwischen Intersubjektivität und Staat her.[75]

Wer sich mit dem Thema ‚Intersubjektivität bei Husserl' befassen will, muß zwischen mehreren möglichen Vorgehensweisen wählen: 1) Er kann alle oder fast alle das Thema betreffenden veröffentlichten Texte Husserls berücksichtigen. 2) Er kann einige Texte Husserls auswählen und die auf diese sich beziehende Sekundärliteratur mitheranziehen. 3) Er kann mittels eines chronologischen Kriteriums Entstehung, Entwicklung, Annahme oder endgültige Ablehnung der von Husserl formulierten Positionen und gewonnenen Untersuchungsergebnisse herauspräparieren. 4) Er kann den Aufbau seiner Arbeit darauf gründen, was Husserl selbst als Einführung, Zusammenfassung vorgelegt oder als die Grundlinien des Themas aufgezeigt hat. 5) Er kann schließlich bestimmte Grundlinien im Denken Husserls ins Auge fassen, die er für besonders geeignet hält, um mit ihnen seine Interpretation zu untermauern. Für meine Untersuchung habe ich mich für den ersten und den vierten Weg entschieden. Römpp wählt den ersten und den fünften, Kozlowski den zweiten Weg. Römpps und meine Untersuchung verfolgen ein gleiches Ziel: den monadologischen Ansatz Husserls als Auslegung der Erfahrung des Anderen so zu

---

[75] Für diese Titel verwenden wir in den Zitatnachweisen folgende Siglen: Römpp: R; Kozlowski: K; Schuhmann: S.

befragen, daß deutlich wird, inwiefern die Monaden, so wie Husserl sie auffaßt, Fenster haben, die von der transzendentalphänomenologischen Philosophie sichtbar gemacht werden können. Beide Untersuchungen sind zunächst mit den Schwierigkeiten konfrontiert, die im egologischen Ausgangspunkt gründen. Wenn durch methodische Ausschaltung alles Ich-Fremden das ego in der Begrenztheit seiner Primordialität steht, scheint Husserls Denken sowohl dem Einwand des Solipsismus zu unterliegen als auch vom Vorwurf getroffen zu sein, Objektivität nicht begründen zu können. Römpp erreicht sein Ziel, indem er die Erfahrbarkeit fremder Subjektivität im rein Egologischen aufzeigt und im Aufweis der intersubjektiven Konstitution die Objektivität rechtfertigt.
Römpp legt das Schwergewicht seiner Beweisführung auf die Texte der Hua-Bände XIII, XIV und XV. Dadurch trifft er eine wesentliche Entscheidung: Er übergeht die V. CM. Er erklärt diese Entscheidung damit (vgl. R 23, Anm. 3), daß M. Theunissen und die meisten anderen, die an Husserls Auffassung der Intersubjektivität Kritik übten, sich auf die Interpretation der CM gestützt haben. Er hält die Auseinandersetzung Theunissens für „einen Meilenstein in der Diskussion dieses Themas“. Meiner Ansicht nach wurde der Gehalt der V. CM durch Iso Kerns Interpretation der Schwierigkeiten, die dieser Text enthält, begreiflicher – die, wie wir sahen, auch durch die Veröffentlichung einer früheren Fassung der V. CM noch weiter erhellt werden konnten.
Die V. CM ist insofern ein bedeutsamer Text, als Husserl in ihm eine 1929 konzipierte zusammenfassende

Darstellung der Erfahrung des Anderen gibt. Unstrittig ist, daß die V. CM keinen endgültigen Text zum Thema darstellt, da sie divergierende Ansichten enthält. Zur Auflösung dieser von ihm hervorgehobenen Divergenzen gab Kern wichtige Anstöße. Offensichtlich beinhaltet der Text Aussagen, die als fehlerhaft ausgelegt werden können, wenn man nicht versucht, sie weiter aufzuklären. Solche festzustellenden Mängel betreffen thematische Lücken, die mit Hilfe anderer Texte ausgefüllt werden können.

Römpps Arbeit sucht in strenger Beweisführung die Struktur eines transzendentalphänomenologischen Idealismus zu entwerfen und nimmt dabei zu der mit Husserls Analysen zur Intersubjektivität sich befassenden europäischen Sekundärliteratur Stellung. Von seinen Analysen verdient u. E. besonders diejenige Beachtung, die sich mit der Leiberfahrung und der temporalen „Reformulierung der Erfahrbarkeitsstruktur fremder Leiblichkeit" befaßt. Ebenfalls sehr bemerkenswert sind seine Auslegung der Selbstentfremdung und der Vergegenwärtigung nach ihren temporalen Zügen sowie sein Versuch nachzuweisen, wie die Phänomenologie „aus sich selbst einen Begriff von Allgemeinheit entwickeln kann, der die logisch-solipsistische Geltung in eine intersubjektive überführt" (R 115).

Römpps Untersuchung greift die Möglichkeit einer idealistischen Interpretation von Husserls Denken auf. Hatte Husserl auch selbst sein Philosophieren mit dem Etikett ‚Idealismus' belegt, so besagt dies u. E. nicht eine endgültige Bezeichnung für seine transzendentale Phänomenologie. In der „Krisis" (Hua

VI, 266) erklärt Husserl die Position der Phänomenologie als eine solche, die über den Gegensatz von Idealismus und Realismus hinausweist. Im selben Sinn schreibt er 1934 an Abbé Baudin: „Kein gewöhnlicher ‚Realist' ist je so realistisch und so konkret gewesen als ich, der phänomenologische ‚Idealist' – ein Wort, das ich übrigens nicht mehr gebrauche."[76] Die Lesart von Husserls Analysen zur Intersubjektivität, die darin einen Idealismus dingfest machen will, läßt gewisse Themen außer acht, z. B. das instinktive Triebleben, das fähig ist, eine intersubjektive Beziehung zu stiften: „Ich, als Bewußtseinssubjekt – in Konnex mit anderen fungierenden Ich. Konnex im Fungieren. Ich in meiner Intentionalität der Anderen bewusst als Mit-Ich, als mit ihnen erfahrend, mit ihnen lebend, leidend, tätig, [...]" (Hua XIV, 409) Die Texte aus dem Zusammenhang des zweiten Teils von Husserls Vorlesung „Einführung in die Phänomenologie" vom Wintersemester 1926/1927, die sich mit dem „Reich anonym gebliebener subjektiver Phänomene" (Krisis, 28 und 29) beschäftigen, werden von Römpp kaum beachtet. Auch die beiden Teile des Textes „Gemeingeist" (Hua XIV, 155 ff.), die u. a. eine Phänomenologie der Liebe entwerfen, werden nicht herangezogen.

Mit Kern betone ich, daß zwischen der Frage nach der Konstitution des transzendentalen Anderen und der-

[76] Dieser Brief wurde von K. Schuhmann zitiert in: Die Dialektik der Phänomenologie I, Den Haag: M. Nijhoff 1973, 192. Das Zitat findet sich auch bei A. Aguirre, Die Phänomenologie Husserls [...], a. a. O., wobei Aguirre zu Husserls Interpretation des Idealismus Stellung nimmt (vgl. 147–149).

jenigen nach der Konstitution des weltlichen Anderen ein wesentlicher Unterschied besteht. Wenn man diesen Unterschied übersieht, wird unverständlich, warum in der V. CM das einfühlende Erlebnis einmal in der primordialen Sphäre erscheint und das andere Mal nicht und warum im zweiten Fall die einfühlende Erfahrung erst mit dem Eintritt des fremden Leibkörpers in die Primordialität ihren Anfang nimmt. Römpp übernimmt Helds Position, die in der letztgenannten Leistung ein quasipositionales Bewußtsein erblickt. Wie wir mit Aguirres Analyse zu zeigen suchten, ist eine solche Leistung jedoch nicht das Ergebnis einer reinen, sondern einer ‚gebundenen' Phantasie: Der fremde Leibkörper erscheint dem ersten Bewußtsein als anwesend und motiviert dadurch die komplexe Leistung der Erfahrung des weltlichen Anderen. Zur Mißdeutung dieses Konstitutionsablaufs kommt es, wenn der doppelte Sinn der Reduktion auf die Primordialität nicht beachtet wird. Die gebundene Phantasie bezieht sich innerhalb des Bewußtseinsfeldes auf das Auftreten des fremden Leibkörpers im Dort. Darauf weist Husserl hin, wenn er die Unmöglichkeit hervorhebt, daß zwei Leibkörper am selben Ort koexistieren. Entweder nehmen sie den selben Ort nacheinander ein, oder sie koexistieren an verschiedenen Orten.

Das zu Beginn der einfühlenden Erfahrung erfolgende weltliche Hervortreten eines Leibkörpers wird von Kern – im Zusammenhang seiner Hinweise auf den doppelten Zweck der V. CM – deutlich gesehen: Einerseits handelt es sich um die Konstitution des weltlichen Anderen, andererseits geht es um die Entdeckung derjenigen Leistung, die als Bedingung der Möglichkeit der Erfahrung des transzendentalen Anderen im Bereich des primordialen ego fungiert. Den zweiten Aspekt hat Husserl im Blick, wenn er das einfühlende Bewußtsein in der statischen Analyse zum Thema macht. Dabei entdeckt er in der Anwendung der doppelten Reduktion eine bestimmte Weise von Vergegenwärtigung.

Während Römpp den Unterschied zwischen Einfühlung und Erinnerung herausarbeitet, interessiert er sich nicht für das Gemeinsame dieser Leistungen als zweier Weisen von Vergegenwärtigung. Husserl vergleicht seinerseits wiederholt die einfühlende und die erinnernde Vergegenwärtigung. Der gemeinsame Sinn beider Vergegenwärtigungsarten liegt darin, daß sich ein gegenwärtiges Bewußtsein auf ein anderes, aus Wesensgründen nicht original gegenwärtiges Bewußtsein bezieht. Anders gesagt, in beiden Fällen stehen zwei Bewußtseine in *einem* Bewußtseinsfeld. Der Unterschied besteht darin, daß das eingefühlte vergegenwärtigte Bewußtsein nicht zum Erlebnisstrom des einfühlenden Bewußtseins gehört. Im Fall der Erinnerung hingegen gehört das erinnerte vergegenwärtigte Bewußtsein dem Erlebnisstrom des erinnernden Bewußtseins zu.

Römpp akzeptiert nicht die begründende Rolle, die (wie etwa von I. Yamaguchi) in der Erfahrung des Anderen der assoziativen Paarung zugeschrieben wird. Zu recht spricht er den Leistungen der vielfältigen Einfühlungssynthesen einen nichtlinearen Charakter zu. Es ist jedoch ratsam, die Auslegung solcher Erfahrung mit der Paarung zu beginnen, um eine Klarheit in der Darstellung zu garantieren. Ein nichtlinearer Charakter der Einfühlungssynthesen berechtigt u. E. nicht dazu, die besonderen Eigenschaften der assoziativen Paarung bei der Setzung des Anderen zu übersehen. Auch wenn der Paarung keine Priorität in der Abfolge der Konstitution dieser Erfahrung zukäme, geht es doch um die merkwürdige Fähigkeit des Bewußtseins, zwei gleiche Erscheinungen als ein Paar zu begreifen. Andernorts[77] habe ich den reichen Ertrag solcher Leistung bei der praktischen Anwendung der Vernunft herausgestellt. Zudem wäre zu fragen, warum Römpp die Paarung nicht durch den Charakter einer passiven Synthesis bestimmt (R 95 f., Anm. 10), zumal Husserl sie „eine Urform derjenigen passiven Synthesis, die wir gegenüber der passiven Synthesis der *Identifikation* als *Assoziation*" bezeichnen (Hua I, 142), genannt hat.

Insofern Römpp Husserls transzendentalphänomenologischen Idealismus als allgemeinen Rahmen seiner Untersuchung heranzieht, wird auch seine Ausklammerung der Gegebenheiten der Lebenswelt verständlich (R 184, Anm. 3). Er empfiehlt, das Problem der Lebenswelt mit dem Problem der Intersubjektivität als solcher nicht zusammenzunehmen. Ich stimme mit dieser Stellungnahme nicht überein, sofern angenommen werden kann, daß die intersubjektive Urgeschichte des Ich sowie die urpassive Tendenz, das urpassive Streben der Monaden, zur Lebenswelt gehören. A. Aguirre, der von Römpp zitiert wird, vertritt

---

[77] J. V. Iribarne, Interpretación ética de la „interpretación" fenomenológica, in: Cusdernos de Etica Nr. 8 (Dezember 1990) 33–45.

die Ansicht,[78] daß es einen Bruch zwischen der „Krisis" und den früheren Schriften Husserls nicht gebe. Indem Husserl sich für das interessiert, was er „erste Einfühlung" nennt, das heißt die Mutter-Kind-Beziehung, erinnert er daran, daß auch dieser Bereich transzendental betrachtet werden muß (Hua XIV, 405). Da Römpp die Lebenswelt aus seinem Thema ausschließt, beachtet er auch nicht die Urgeschichte der Intersubjektivität. Bezüglich der kinästhetisch fungierenden Leiblichkeit verweist er auf Landgrebes Analyse (R 158, Anm. 8).

Zu dem reichen Gehalt von Römpps Arbeit seien hier nur noch einige Bemerkungen angeführt. Römpp schreibt: „Husserl bezieht sich in seiner Verwendung des Begriffes ‚Monade' nicht explizit auf Leibniz." Doch eine solche Beziehung hebt Husserl selbst im zweiten Band der „Ersten Philosophie" (Hua VIII, 190) hervor.[79]

---

78 A. Aguirre, Die Phänomenologie Husserls [...], a. a. O. 148 f.

79 In derselben Anmerkung Römpps heißt es: „Es wäre sinnvoll und aufschlußreich, unter systematischen Gesichtspunkten den Gedanken der Monadizität in den beiden so sehr differenten philosophischen Denkzusammenhängen zu konfrontieren." – Dies zeigt, daß trotz der Fortschritte in den Kommunikationsmitteln die wirkliche Kommunikation auf dem Gebiet der Philosophie begrenzt ist: Zweimal habe ich mich mit diesem Thema befaßt (La fenomenología de Husserl como monadología, in: Escritos de Filosofía 15/16 [1985] 71–82; El concepto husserliano de monada [Referat anläßlich des Segundo Encuentro Nacional de Fenomenología 1988]). R. Cristin behandelte diese Beziehung in einer mehr metaphysisch orientierten Interpretation (Phänomenologie und Monadologie. Husserl und Leibniz, in: Studia Leibnitiana 22 [1990] 163–174). Vor allem aber hat schon St. Strasser mit seinem Beitrag „Grundgedanken der Sozialontologie Edmund Husserls" (a. a. O.) einen solchen Vergleich eröffnet.

Wenn Römpp die soziale Schicht zum Thema macht, entdeckt er darin den Menschen „als Socius einer Sozialität, als Gemeinschaftsglied in einer Totalgemeinschaft“ (R 127). Diese Betrachtung führt ihn nicht zum Aufweis der konkreten Formen des sozialen Miteinanderseins. Im Zusammenhang damit bemerkt er (R 145, Anm. 2), daß, trägt auch jeder Mensch als solcher schon den Sinn eines Gemeinschaftsgliedes in sich, damit noch keine Möglichkeit der Herleitung höherer Gemeinschaftsformen gegeben ist.
K. Schuhmann bezieht in „Husserls Staatsphilosophie“ eine andere Stellung. Der Verfasser, der in den zerstreuten Hinweisen Husserls zum Thema des Staats zum ersten Mal einen Weg bahnte, lokalisiert das Phänomen des Staats im Rahmen von Husserls Sozialontologie. Schuhmann greift Husserls Ausgang von der Einzelmonade auf, innerhalb deren jede Intersubjektivität sich ausweisen muß, um als solche überhaupt anerkannt zu werden (S 44). Dieser Ausgangspunkt wird von Römpp wie von mir geteilt. Schuhmann unterstreicht in seinem der Intersubjektivität gewidmeten Kapitel Husserls Sympathie für eine pluralistische Ontologie. Was die Verselbstigung anbelangt, betrachtet Schuhmann die strömende und unaufhaltbare Zeitlichkeit als grundlegende Bewußtseinsform, und dieses Thema leitet seine Frage nach der passiven Tätigkeit. Indem er die Selbstkonstitution der Subjektivität analysiert, stellt Schuhmann die Zeitigung als passives Streben vor aller Weckung heraus und bestätigt, daß Husserl die primordiale Monade und ihr Leben „Triebsystem“ nennt (S 51). Somit bezieht auch Schuhmann Themen der Lebens-

welt in den Gegenstandsbereich der Intersubjektivität mit ein. Außer der Selbstzeitigung behandelt Schuhmann die intersubjektive Zeit der Monaden, z. B. wenn er ein dauerndes Gemeinschaftsleben im Zusammenhang mit Wandelbarkeit und Traditionalität betrachtet (S 69).

Wird die genetische Sichtweise berücksichtigt, fragt man also nach der monadischen Entwicklung, so zeigen sich die Spuren einer Teleologie. Schuhmanns auf Husserls Sozialontologie abzielende Darstellung der Intersubjektivität macht auf zwei vom genetischen Konstitutionsprozeß erzeugte und von der Reduktion ausgeschaltete Schichten in der sozialen und der instinkthaften Kommunikation aufmerksam: „Die Allheit der Monaden steht in ursprünglicher instinktiver Kommunikation." (Hua XV, 609) Die Konstitution von Normalität als Leistung verschiedenartiger Monaden weist auf deren fungierende Harmonie und immanente Teleologie hin. Bezüglich der konstitutiven Leistung des ‚als ob ich dort wäre' betont Schuhmann das in der Einfühlung vorliegende wechselseitige leibliche Füreinandergegebensein der Monaden, das nach Husserls Worten als „ein Fenster [...] in andere Subjekte" (Hua XIII, 484) anzusehen sei.

Schuhmann zufolge ist eine nur die abstrakten Unterstufen berücksichtigende Darstellung der Intersubjektivität unvollständig. Seine Untersuchung befragt verschiedene konkrete Erscheinungen des Füreinander- und Nebeneinanderseins, des Miteinanderseins (als Grundform der Verflechtung der Sozialität), des Ineinanderseins, das in der Liebesgemeinschaft zustande kommt, und des Nach-einander-sich-Richtens, des

„teleologischen Grundwunders der Monadenvielheit". Zur Anwendung der Rückfrage bemerkt Schuhmann, daß alle Vergemeinschaftung sich ursprünglich aus dem urpassiven Tendieren und Streben der Monaden ableitet.

Mitunter behandeln Schuhmann und Römpp dieselben Einzelthemen. Vom Gesichtspunkt der ‚intentionalen Soziologie' aus wird eine prinzipiell endlose Offenheit der Gemeinschaft thematisch: Sie ist eine unbestimmt offene Vielheit, da sie durch den Hinzutritt neuer Subjekte, durch das Verlassen anderer nicht wesentlich verändert wird. Römpps Analyse dieser endlosen Offenheit stellt heraus, daß jedes Bewußtsein die Wiederholungsstruktur unendlich fortsetzen kann. Sofern die Fiktion des ‚wie wenn ich dort wäre' unendlich wiederholt werden kann, ist eine Monadengemeinschaft indefinit.

Römpp befragt eingehend die Individuation im Zusammenhang mit dem Phänomen des eigenen Leibes sowie mit der Selbstzeitigung und den Habitualitäten. Schuhmann ergänzt dies mit einer bemerkenswerten, auf die Tradition bezogenen Aussage Husserls: „Ich bin, was ich bin, als Erbe." (Hua XIV, 223) Schuhmann und Römpp analysieren die Person, die stabile, den Vollzug personaler Akte ermöglichende Einheitsbildungen hervorbringt. Diese sind u. a. feste Überzeugungen, bleibende Wertungen und Willensrichtungen (vgl. z. B. Hua XIV, 194, 224). Trotz seiner ausführlichen Darstellung von meistens statisch betrachteten Themen berücksichtigt Römpp das Phänomen der individuellen Geschichte (R 215), der personalen historischen Genesis (R 139, R 215), „da der

Andere in seiner Monadizität sein Sein in der individuellen ‚Historizität' seiner genetischen Selbstkonstitution hat" (R 196), sowie das Thema der jeweils neuen Sinnesvorzeichnungen, die ‚die Welt' erhalten kann (R 175). Ähnliche Themen führen Schuhmann zu Hinweisen auf eine Teleologie in der Entwicklung des Monadenalls, das in idealer Vollendung gedacht für Husserl in der Liebesgemeinschaft kulminiert.

Durch seine Stellungnahme gegenüber der Teleologie stellt sich Schuhmann in die Reihe derjenigen Interpreten von Husserls Werk, die die Ansicht vertreten, Husserls philosophisches System sollte letzten Endes aus einer metaphysischen Perspektive verstanden werden. Wenn Römpp, der die Rolle der Teleologie in Husserls Werk nicht untersucht, den Denkbereich jenseits reiner Phänomenologie mit dem Terminus „metaphänomenologisch" zu bestimmen sucht (R 121), so stimmt er mit Schuhmann darin überein, daß die Ermöglichung von Selbstverantwortung den Kerngehalt der letzten Abzweckung der phänomenologischen Philosophie darstellt.

Kozlowski legte mit seiner Arbeit eine von eigenen Ansichten geleitete Untersuchung vor. Er stimmt zu, daß in Husserls Analysen zur Intersubjektivität alle wesentlichen Elemente seiner Phänomenologie zusammenkommen, ist aber nicht der Auffassung, daß das Thema des Intersubjektiven im Mittelpunkt von Husserls Denken steht. Er schreibt das Interesse für diese Problematik einem gegenwärtig vorherrschenden Interesse für soziale Thematik zu und betont, daß seine eigene Rezeption der Husserlschen Theorie problemorientiert sei. Seine Abhandlung setzt sich unter der Beibehaltung des transzendentalen Standpunktes mit Husserls Konzeption der Intersubjektivität auseinander und sucht am Leitfaden einer Position, die von außen an Husserls Werk herantritt, den *egologischen Ansatz* in Husserls Denken darzulegen.

„Dieser Ansatz besteht in der Annahme des eigenen transzendentalen Ego und in der Behauptung vom *primären* Charakter des Selbstbezuges. Es sind die beiden Grundmerkmale, die der ganzen Husserlschen transzendentalen Intersubjektivitätstheorie eine fundamentale Prägung geben.“ (K 5)

Husserl selbst hatte diesen Ausgangspunkt als cartesianischen Weg kritisiert, da er „den großen Nachteil hat, wie mit einem Sprunge schon zum transzendentalen ego zu führen“ (Hua VI, 157 f.). Der cartesianische Weg muß somit durch die anderen Wege vervollständigt werden. Wie wir darlegten, stellt Husserls Ergänzung des cartesianischen Wegs durch andere Wege nicht in Frage, was auf ersterem im Bereich der Immanenz erreicht werden kann. Seinen Versuch zu zeigen, wie Husserls Philosophie durch den egologischen Ansatz bestimmt wird, bezeichnet Kozlowski als *Entegologisierung*. Husserls Phänomenologie der Subjektivität (Egologie) wird bei Kozlowski zu einer „theoretischen Selbsterfassung“.[80] Kozlowski macht von Anfang an deutlich, daß er nicht die Absicht verfolgt, Husserls Denken immanent zu interpretieren. Äuße-

[80] Kozlowski ist überzeugt, daß Husserls Gedankengang von theoretischen Voraussetzungen geleitet wird (K 116 u. a.), was ihn zu Behauptungen führt wie: „Im folgenden wird dargelegt, wie Husserl dieses allgemeine Wahrnehmungsschema modifizieren muß,

rungen wie die folgende lassen es jedoch als fraglich erscheinen, ob dabei Husserls Intention überhaupt erfaßt wurde:

„Es soll der Versuch unternommen werden, die Behauptung vom Sein des eigenen transzendentalen Ego abzuweisen, dessen Annahme sich letztlich als ein *erkenntnistheoretischer Notbehelf* erweist. Mit dem Zweifel an der Existenz des transzendentalen Ego wird folglich eine der zentralen Intersubjektivitätsfragen, die nach dem *anderen* transzendentalen Ego, hinfällig [...]" (K 6)

Es will scheinen, daß die Kritik, die Kozlowski am egologischen Ansatz Husserls übt, nicht eine Schwäche dieses Ansatzes aufdeckt, sondern lediglich Kozlowskis eigenes Bestreben reflektiert. Geleitet von seinen Überzeugungen modifiziert Kozlowski den Sinn zitierter Texte. Er betrachtet die konstitutiven Akte als Erkenntnisakte und behauptet daher, daß Husserl die Einfühlung in der Reflexion *begründet*. Doch Husserl vertritt in dem zitierten Text (die Reflexion sei eine Leistung, der „wir alle erdenkliche Kenntnis und Erkenntnis von unserem inneren Leben verdanken" [K 95]) den Standpunkt, daß Kenntnisse und Erkenntnisse durch die Reflexion gewonnen werden, was nicht schon heißt, daß dabei die Reflexion eine begründende Rolle spielt.[81]

Kozlowskis Ansatz hebt das „natürliche Bewußtsein" hervor, das keinen „egozentrierten, sondern

---

um es in der Intersubjektivitätstheorie zum Tragen zu bringen." (K 102) Und auch: „[...] daß Husserl dieses Ego in einem erkenntnistheoretischen Verfahren bloß konstruiert." (K 87)

81 Kozlowski beginnt seine Auslegung der natürlichen Selbsterfahrung mit Husserls Worten: „[...] der Leistung der Einfühlung, die

wesentlich einen *sozialen* Charakter" hat (K 66) und betrachtet es als „Betätigung des Verstandes" (K 73). Er betont, daß im natürlichen Bewußtsein der Mensch im Geradehin-Vollzug lebt, daß er sich primär nicht auf sich selbst, sondern auf die Gegenstände bezieht. Sofern er aber an diesem natürlichen Vollzug sowie am Ursprung einer nicht egozentrierten Subjekthaltung festhält, ignoriert er die Möglichkeit der Reduktion auf die Subjektivität, auch wenn diese Reduktion gerade zu einer Erweiterung auf das die Intersubjektivität erschließende phänomenologische Feld führt (vgl. Hua VIII, 174, Anm. 2), sowie Husserls Ausführungen zur Implikation. Wenn behauptet wird, „der Mensch" führe eine nicht egozentrierte Lebensweise (K 74), ist dabei nicht zur Kenntnis genommen, daß eine spezifische Egozentrik gerade zum Wesenszug der natürlichen Einstellung gehört. Innerhalb solcher Einstellung ist das Ich transzendental-konstitutiv, aber es weiß davon nicht. Erst durch die phänomenologische Reduktion enthüllt es sich als in sich selbst zentriertes konstituierendes ego, das zugleich die Anderen in sich trägt.

---

offenbar *Reflexion* voraussetzt und dann immer wieder erfordert." In Anm. 9 (K 94) heißt es, „daß Husserl die Einfühlung auf die Reflexion gründet. Dadurch bekommt seine Intersubjektivitätskonzeption den Charakter einer in den Erkenntnisleistungen fundierten Konstruktion." In Anm. 10 wird ein Text aus den CM zitiert, der die Beziehung der Reflexion zu den von ihr entdeckten Akten klärt: „[...] von den Relexionen, durch die sich [...] uns eben die Akte geradehin *erst* erschließen." Kozlowski verwandelt die Begriffe „voraussetzt" und „erschließen" in „gründet" und „beruht". Dem glaubt er entnehmen zu können, daß Husserl die Sinnkonstitution des Menschen im Bereich der Erkenntnis lokalisierte (K 95).

Kozlowski entdeckt im Bereich ursprünglicher Erfahrung keine Spur, die „darauf hinweist, daß der Andere in der Welt als das verweltlichte transzendentale Ego vorkommt“ (K 82). Er stützt diese Aussage darauf, „daß der intentionalen Bewußtseinsanalyse *nur* das unterzogen werden darf, was sich im noematisch-ontischen Gehalt aufweisen läßt“ (ebd.). Damit übersieht er den Ertrag der auf die verschiedenen reduzierten Bewußtseinsschichten angewandten noetischen Analysen wie auch den Gebrauch der Rückfrage (er spricht von einer „Bedenklichkeit der Methode des regressiven Fragens“).

Die von Kozlowski ausgewählten Husserlschen Texte sind zumeist tatsächlich nicht dazu geeignet, seine Einwände zu widerlegen. Husserls Erfolg gegenüber der Möglichkeit, die wechselseitige Konstitution der ego zu rechtfertigen, wird zwar bezweifelt, die Texte, die jenen Erfolg belegen, werden jedoch nicht herangezogen.[82]

Die Wechselseitigkeit der „interpersonalen Konstitution“ in ihren verschiedenen Schichten wird von Römpp wie in der vorliegenden Untersuchung durch angemessenes Textmaterial nachgewiesen.[83] Wenn Kozlowski die Schwierigkeit aufzuzeigen sucht, die darin bestehe, was vom anderen Ego gegeben sein

82 In seiner Argumentation gegen eine gewisse „Zwiespältigkeit“ (K 82, Anm. 4) weist Kozlowski auf einen Text aus Hua XV, 372 hin, in dem Husserl eine äußerst knappe Zusammenfassung seiner Sicht des Intersubjektivitätsproblems gibt. Von diesem Text kann eine ausführliche Klärung der Problematik nicht erwarten werden.

83 Kozlowski bezweifelt, daß Husserl es gelang, die Wechselseitigkeit zu begründen. Er stellt die These auf, daß in der primordialen

kann (K 85), zitiert er eine Seite aus dem zweiten Band der „Ersten Philosophie", anstatt die Vielzahl an Stellen zu berücksichtigen, die gerade in diesem Werk der einfühlenden Vergegenwärtigung gewidmet werden und die die Fortführung der phänomenologischen Reduktion zu einer intersubjektiven behandeln (Hua VIII, 174, Anm. 2). Auch dort, wo er die Vergegenwärtigung für „weder befriedigend begründet noch einleuchtend" hält, stützt sich Kozlowski auf eine Stelle (Hua XIV, 244 ff.), die nicht geeignet ist, das Problem begreiflich zu machen (K 86).

Zur ‚Übertragung' des eigenen Sinns auf den Anderen bemerkt Kozlowski, indem er sich auf eine Textstelle in der „Formalen und transzendentalen Logik" bezieht (Hua XVI, 268): „Diese Art der Argumentation zeigt, daß Husserl zu den anderen Ego überhaupt nicht auf dem Erfahrungsweg gelangt. Er gewinnt sie durch schlichte Übertragung dessen, was er in der bestimmmten Weise der theoretischen Selbsterfassung ‚findet'." (K 87) Die Analyse der „Möglichkeit der Vorstellung eines fremden Ich vor seiner wirklichen Erfahrung" wird tatsächlich von Husserl durchgeführt.[84] Die Möglichkeit der Vorstellung des Anderen vor der wirklichen Erfahrung von ihm meint Husserl jedoch nicht im Sinn eines Rückschreitens ‚hinter' die

---

Sphäre der andere Leib nicht als Leib erscheint, sondern methodisch auf den bloßen Körper reduziert wird (K 31). Die Gleichursprünglichkeit, die nach seiner Ansicht für das Vorliegen einer Wechselseitigkeit sprechen würde, hält Kozlowski für nicht gültig (K 32).

84 An anderer Stelle verweist Kozlowski auf Husserls Versuch, die „Vorstellung des Anderen noch *vor* dessen wirklicher Erfahrung zu

Erfahrungsgegebenheit in natürlich-faktischer Hinsicht. Die tatsächliche Erfahrung des Anderen ist immer schon zustande gekommen. Daher wird der Andere so, wie er vom Bewußtsein in natürlicher Einstellung gemeint ist, in der Reduktion, zu Beginn der Analyse dieser Erfahrung, eingeklammert. Die ‚schlichte' Übertragung als eine Art von Spiel erlaubt es, sich in ein Dort versetzt vorzustellen. Dadurch wird „vorgezeichnet, wie diese Vorstellung sich ausweisen müsste, wie ein anderes Subjekt gegeben sein könnte" (Hua XIII, 269), so daß der genaue Umfang solcher Leistung bestimmt werden kann. Diesen wirklichen Umfang der ‚Übertragung' berücksichtigt Kozlowski nicht. Er ist der Auffassung, daß es Husserls Ziel sei, „den Sinn des Anderen aus der Selbsterfahrung herzuleiten" (K 111 f.). Husserl nimmt Stellung zu der „Unmöglichkeit einer schlichten apperzeptiven Übertragung (Appräsentation) leiblicher Eigenheit" (Hua XIV, Beilage LXVIII). In etlichen Texten entwickelt er eine Phänomenologie des Leibes;[85] wie er in der V. CM bemerkt, geht es bei dieser Konstitutionsleistung um die Setzung eines Analogons, aber *nicht nur* eines Analogons.

---

erreichen" (K 138), und stimmt Husserls Aussage zu: „Ich, *gedacht* als wie wenn ich anders wäre, das heißt noch nicht ein Anderer." Und doch führt ihn dieser Hinweis nicht zur Anerkennung der Tatsache, daß Husserl noch andere Wege erforscht hat; er behandelt eine Abstraktion, für die Husserl sich nur gelegentlich interessierte. Husserl hat ausführlich auf die Frage geantwortet, was den appräsentierten Leib zum fremden und nicht zum zweiten eigenen Leib werden läßt (Hua I, 143, von Kozlowski zitiert).

[85] Vgl. z. B. Hua XIV, Texte 1 und 3, Beilagen XVI, XLVI, LVI, LXV, Text 32, Beilagen LXX und LXXVI-LXXIX.

Kozlowski zieht es vor, anstatt von ‚Leib' von ‚Körper' zu sprechen. Gelegentlich ist dies zutreffend, aber dort, wo es um die Erfahrung des ‚als ob ich dort wäre' geht, handelt es sich bei dem einfühlenden Bewußtsein um den eigenen Leib und nicht um den eigenen Körper. Erscheint in dieser Erfahrung der Körper des Anderen, wird er sofort als Leib gesetzt, und nur soweit er sich als Leib verhält, motiviert er die assoziative Paarung. Der Körper ist lediglich in zwei vorläufigen Momenten bemerkbar: 1) Wenn er zu Beginn der Erfahrung des Anderen erscheint (diesbezüglich sollte er besser als ein ‚Etwas' bezeichnet werden); 2) wenn ich den Anderen nach seinem Aussehen als Mensch konstituiere, merke ich, daß ich von ihm auch nach meinem Körper konstitutiert bin, das heißt, auch ich bin ein Mensch. In beiden Fällen wird der äußere Aspekt des Leibes hervorgehoben, um sofort mit der Erinnerung des Leibes einheitlich zu verschmelzen. Die Vorstellung ‚als ob ich dort wäre' setzt nach Kozlowski die Konstitution des eigenen Leibes als eines Körpers-im-Raum voraus. Diese Erfahrung aber gründet Husserl zufolge in der Erfahrung der eigenen leiblichen Bewegung im originären Raum (Vorlesungen vom Wintersemester 1926/1927, Hua XIV, 303 ff.). Der Text der Beilage XXXVI macht klar, daß Husserl sich nur sekundär für den Körper als solchen interessiert. Der Körper ist für ihn das, was nach der Abstraktion der inneren Erscheinung des Leibes übrig bleibt.[86] Nach Durchführung der Reduk-

[86] Etliche Stellen in Römpps Untersuchung werfen Licht auf dieses Thema; vgl. z. B. die Ausführungen zum Unterschied von Leib und

tion auf die Primordialität ist es stets der Leib, der in noematisch-ontischer Hinsicht im Blickpunkt steht. Kozlowski stellt die Frage, ob die Vorstellungsarten „schon im ‚Solus-Bewußtsein' entstehen" oder „erst im eigenen ‚Sozius-Bewußtsein' möglich" sind (K 128). In Anmerkung 9 fügt er hinzu: „Als ‚Solus-Bewußtsein' wird hier die abstraktive Bewußtseinsform gekennzeichnet, die keine Erfahrung der Anderen beinhaltet." In diesem Sinn sei auch das primordiale Ich ein Solus-Bewußtsein, während demgegenüber die Erfahrung des anderen Menschen zum Bestand des „Sozius-Bewußtseins" gehöre. Dieser Bestimmung entspricht Husserls eigener Ansatz nicht genau. In dem im zweiten Sinn reduzierten Ich, d. h. in Kozlowskis „Solus-Bewußtsein", gewinnt Husserl den Sinn ‚Mensch' durch die einfühlende Erfahrung. Kozlowski nimmt an, daß eine solche Spaltung im „Solus-Bewußtsein" nicht möglich ist. Dabei übersieht er, daß Husserl selbst diese Vorstellung eine sich „widersprechende" nennt. Husserl erklärt, daß sie aber nur dann widerspruchsvoll sei, „wenn ich meine Identität ernst nehme, statt das Ich im Dort als ein anderes Ich zu nehmen, nur als ein gleiches" (Hua XIII, 269). Kozlowski erblickt in diesem Ansatz eine „aporetische Schwierigkeit", wobei die Aporie von da her stamme, daß Husserl unkritisch die These auf-

Leibkörper (R 49), zur „Einheit von Körper und Leib, die isoliert nur Abstraktionen darstellen" (R 32), zu Husserls eigenem Ausdruck betreffs der nötigen „künstlichen Einstellung und Betrachtung, um den eigenen Leib als ein Ding wie andere Dinge zu verstehen" (R 54), zum erscheinenden fremden Leib *als* Leibkörper *interpretiert* (R 71), zum Körper als interpretativer Abstraktion (R 72).

stelle, „ein abstraktes solipsistisches Subjekt“ nehme „verschiedene Standpunkte der Betrachtung“ ein (K 129). Um die primordiale Sphäre freizulegen, wendet Husserl auf das Bewußtsein zwei Arten der Abstraktion an. Das Bewußtsein, das der Abstraktion unterzogen wird, ist selbst kein abstraktes. Husserl interessiert sich immer nur für das konkrete Ich. Der Phänomenologe richtet die Reduktion auf sein Bewußtsein, das ein waches, entwickeltes Bewußtsein ist, das seine ‚transzendentale Geburt‘ erreicht hat. Bei der ersten Abstraktion behält das solipsistische Bewußtsein alle seine Erlebnisse, diejenigen, die den Anderen geben, eingeschlossen. Bei der zweiten Abstraktion wird von den Erlebnissen bezüglich des Anderen abgesehen, das heißt, das Bewußtsein wird künstlich verarmt, um den Eintritt des anderen Leibkörpers in das primordiale Feld sichtbar werden zu lassen und seine Konstitution als weltlicher Anderer verstehbar machen zu können.

Wenn Kozlowski annimmt, die konkrete Vorstellung vom „Anderssein-können“ gründe in der intersubjektiven Erfahrung, übersieht er, was Husserl in der vorreflexiven wie auch in der sozialen Schicht enthüllt hat: „Diese verschiedenen Arten des Könnens und Erlebens werden in jeder *cogito*-Philosophie als ein nicht mehr zu reflektierendes Fundament angenommen.“ (K 133) Auch dies ist ein Indiz für Kozlowskis Beschränkung auf den cartesianischen Weg Husserls.[87]

---

87 Kozlowski wendet ein, Husserl beachte nicht den Inhalt der konkreten Vorstellung, ‚anders zu sein‘. Zu diesem Thema nimmt Hus-

Kozlowski schlägt eine weitere Reduktion vor, um die Auflösung der primordialen Welt zu erreichen, „die sich doch mittels des eigenen Leibes konstituiert" (K 147). Eine solche Reduktion sollte zeigen, „wie tief die Selbstkonstitution in der Erfahrung der anderen Menschen verwurzelt ist". Husserl ist jedoch erheblich weiter vorgedrungen, als Kozlowski zu sehen meint. Die soziale Schicht, die Kozlowski als urstiftende Grundlage der vom Leib erfahrenen Welt ansieht, ist für Husserl eine höherstufige Konstitutionsschicht. Man muß in tiefere Konstitutionsebenen vordringen und z. B. die triebhafte Mutter-Kind-Beziehung, die anonym sedimentierte und Schritt für Schritt organisierte Erfahrung des Kindes auslegen. Obgleich Husserl keinen Text hinterlassen hat, der diese Schicht systematisch analysieren würde, liegt zu diesem Thema genügend Textmaterial vor, so daß wir, Husserls vielfältigen Hinweisen folgend, hier weiterdenken können.

Ein treffender Aufweis, inwieweit sich in der von Husserl selbst aufgezeigten, auf verschiedene Schichten reduzierten Erfahrung eine einheitliche Theorie der Intersubjektivität bekundet, ohne daß dadurch die konstitutive Tätigkeit des ego aufgehoben wird, würde die von Römpp gegebene ausführliche Klärung des egologischen Standpunkts ergänzen wie auf unser hier verfolgtes Forschungsziel verweisen.

---

serl jedoch Stellung (u. a. im Text 2 von Hua XIV, 11 ff., der nach dem Prinzip der Individuation fragt). Die vorliegenden Texte Husserls sprechen gegen Kozlowskis These, daß wir all das seien, was die Anderen sind. Das konkrete Umfingieren meiner selbst betrifft bei Husserl praktische Entscheidungen.

Ich gehe nicht auf den zweiten Teil der Arbeit ein, der eine transzendentale Anthropologie vorlegt. Meiner Ansicht nach gründen Kozlowskis Aporien in schweren Mißverständnissen der Phänomenologie Husserls.

2. *Stellungnahmen zum Gesichtspunkt einer Einheit von Husserls Denken: E. Ströker, P. Janssen, K. Schuhmann*

Elisabeth Ströker[88] zeigt eine innere Kohärenz der von Husserl entwickelten phänomenologischen Thematik auf und macht deutlich, welche Rolle dabei die genetische Analyse spielt. Husserl hat, so Ströker, eine Konkretion in der transzendentalphilosophischen Aufklärung der Intersubjektivität erlangt, indem er statt der statischen Analyse die genetische angewendet hatte (St 98). Dadurch entdeckte Husserl auch die *Geschichte als das große Faktum des absoluten Seins*, freigelegt im Rahmen einer geschichtlich begriffenen transzendentalen Intersubjektivität, die eine historisch zu verstehende Objektivität stiftet. Alle Strata sind darin historisch einbegriffen, von dem die unterste Stufe der Triebintentionalität vorlegenden Stratum bis hin zu jenem, das die konstitutiven Leistungen auf der obersten Stufe zum Vorschein kommen läßt. „Daß somit Husserls innere Historie sich aus der konsequenten Weiterbildung seiner genetisch-konstitutiven Analyse, als letzte Ausschöpfung

---

[88] E. Ströker, Die Phänomenologie Edmund Husserls (= Teil A von: E. Ströker und P. Janssen, Phänomenologische Philosophie, Freiburg/München 1989); im folgenden zitiert mit der Sigle: St.

seiner methodischen Mittel, ergab, sollte für seine Phänomenologie von kaum zu überschätzender Tragweite werden.“ (St 109)

Das Thema der Lebenswelt wurde zuweilen als ein von der Intersubjektivität getrennter Bereich betrachtet. Paul Janssen bemerkt in seinem Buch „Edmund Husserl“[89] zum Verhältnis von cartesianischem Weg und den beiden anderen Wegen über die Lebenswelt und die intentionale Psychologie, daß von Diskrepanzen oder gar Widersprüchen zwischen Lebensweltkonzeption und Transzendentalphilosophie nicht die Rede sein kann (J 153). Die genetische Befragung der lebensweltlichen Strukturen bringe die anonyme intersubjektive Erfahrung zum Vorschein.

Die einheitliche Kontinuität dieses Stratums mit den höheren Strata zeigt Schuhmann in „Husserls Staatsphilosophie“ auf (S 58): Das Wechselverstehen der Monaden gehe zurück auf ein „dunkles Hingezogen<sein> zu seinesgleichen, durch Lust an dem Mitdasein Anderer und Vermissen, wenn sie nicht da sind“ (Hua XIII, 107). Ströker fügt der transzendentalen Funktion des ‚Bodens‘, welche der Lebenswelt für die phänomenologische Begründung der objektiven Wissenschaften zugesprochen war, die des ‚Leitfadens‘ für den Rückgang in die Tiefen der weltkonstituierenden Subjektivität hinzu (St 112). Subjektivität bedeutet für Husserl Intersubjektivität. Die im Rückgang der genetischen Fragestellung hervortretende Kontinuität spricht für die Einheit der verschiedenen,

[89] P. Janssen, Edmund Husserl. Einführung in seine Phänomenologie, Freiburg/München 1976; zitiert mit der Sigle: J.

in der Intersubjektivität beschlossenen Strata. Janssen betont, daß die Fremderfahrung jedem von Kindesbeinen an vertraut ist (J 117). Er fragt dem Sinn der Kontinuität und der Einheit noch weiter nach, indem er das Augenmerk auf Seinsschichten wie Animalität, Sozialität und Kultur richtet. Er erklärt, daß sich nach Husserl in spezifisch sozialen Akten Gemeinschaften verschiedener Art ausbilden und daß diese mit kulturellen Umwelten eng verknüpft sind. Bemerkenswert ist, daß die Grenzen der individuellen kulturellen Umwelten auf Gemeinsames hin überschritten werden können. Zusammenfassend stellt Janssen fest, daß dies von der jeweils eigenen Kultur aus erfolgt, die – wie mein Leib zentraler Ort für die Konstitution der Natur und des Anderen ist – den Nullpunkt meiner Orientierung bezüglich aller Kulturen darstellt (J 123). K. Schuhmann überschreibt in „Husserls Staatsphilosophie" das Kapitel über Intersubjektivität mit einem Begriff, der geeignet ist, eine Kohärenz in Husserls Denken vollends deutlich zu machen: mit dem der *Teleologie*. Die erste Anzeige für eine fungierende Teleologie findet Schuhmann in der Sinnkonstitution von ‚Normalität', die von vielfältigen unterschiedlichen Monaden erbracht wird (S 52). Die Monaden werden zum Aufbau identischer Naturpole gedrängt und offenbaren so eine teleologische Struktur. Schuhmann bemerkt, daß Husserl, als er nach 1921 seine Phänomenologie systematisch darzustellen versuchte, die in der Tendenz zur Vergemeinschaftung gelegene Einheit reflektierte. Im Fall der Kommunikation betrifft das in der Person fungierende Telos nicht nur die schlichte Kundgabe eines Wollens, sondern

auch die Herstellung einer Willenseinheit (S 60). Nach Schuhmann muß das gemeinschaftsstiftende Element, durch das ein Subjekt Thema des Willens der Anderen wird, als eine höhere Stufe der Teleologie angesehen werden.
Schuhmanns Betrachtung der Teleologie führt ihn zum praktischen Kern in Husserls Theorie der Intersubjektivität: Die Teleologie bezieht sich nicht auf eine quantitative, sondern auf eine qualitative Sozialform. Das Erstaunliche im teleologischen Ablauf ist, daß die Monaden sich nach einander richten. „Nach einander: damit ist aber auch schon das Ziel des monadischen Entwicklungsprozesses angegeben [...] Die Teleologie der Intersubjektivität weist auf eben diese Intersubjektivität selber zurück.“ (S 77) Wir können hier Schuhmanns ausführliche Darstellung von Husserls Begriff des „Monadenalls“, d. h. der monadischen All-Einheit als des Prozesses einer Steigerung in infinitum, nur andeuten (S 78 ff.). Wir halten nur fest, daß die von Husserl gedachte zeitliche Unendlichkeit des monadischen Prozesses derjenigen der Liebe selbst entspricht (S 87): Teleologisch betrachtet bewirkt die Liebe den Zug nach der Konkretisierung der Einheit.

V. Die einheitliche Theorie in Husserls Analysen zur Intersubjektivität

Ein Nachweis unserer These, die in Husserls Analysen zur Intersubjektivität eine Kohärenz im Sinne der Theorie behauptet, könnte durch folgende Fragestellung eingeleitet werden: Liegt für Husserl das entscheidende Problem der Phänomenologie in der Frage nach dem Anderen oder in der Frage nach der Welt? Man kann der Problematik der Welt, der Frage nach dem Sinn ihres Ansich, den Vorrang geben und ihr die Frage nach der Intersubjektivität nachstellen. Diese Auffassung stützt sich auf die Überzeugung, daß die Struktur des alter ego prinzipiell identisch mit der des ego selbst ist: Im Eidos ego sind Ich und Wir aufgehoben. Aus dieser Argumentation folgt die Annahme, daß sich auch das alter ego mit dem Fundamentalproblem der Welt konfrontiert sieht. Für das ego wie für das alter ego ist die Möglichkeit anderer Ich und der Kommunikation mit ihnen eher verständlich als die Möglichkeit, sich auf eine Seinsart zu beziehen, die prinzipiell von anderer Natur als das Ich ist.[90] Diese Auffassung bezieht ihr Gewicht lediglich aus dem common sense elementarer philosophischer Logik. Das Eidos ego ist ein solches, weil es als univer-

[90] Vgl. K. Schuhmann, Die Fundamentalbetrachtung der Phänomenologie, a. a. O. XXXVIII f.

sales Wesen universell für jedes Ich gilt, also auch für das alter ego. So muß etwa E. Fink gedacht haben, als er das Problem der Welt als „das grundlegende Problem der Phänomenologie“ bezeichnete.[91]
Es ist nicht nötig darzulegen, daß ein solcher Ausgangspunkt, der die Struktur des alter ego als prinzipiell identisch mit derjenigen des ego selbst und somit als prinzipiell phänomenologisch aufweisbar erachtet, nicht einen Rückfall in die Naivität der natürlichen Einstellung darstellt. Es ist naheliegend, den durch die statische und die genetische Analyse realisierten Gang der Enthüllung nachzuvollziehen, damit der phänomenologische Logos das durch die Reduktion auferlegte Schweigen füllen kann. Wir nehmen dies als Ausgangspunkt, um eine etwaige Befürchtung um den Erfolg unseres Unternehmens abzuschwächen. Für eine Auseinandersetzung mit dem zu Beginn zitierten Text von Quentin Lauer ist dieser Ausgangspunkt von besonderer Bedeutung, da er erlaubt, die Analysen zur Intersubjektivität in ihrer Möglichkeit für objektive Erkenntnisgewinnung zu erweisen. Ließe sich die theoretische Qualität dieser Analysen nicht nachweisen, zöge dies unweigerlich einen totalen Skeptizismus nach sich. Darum sagen wir: Die Aufgabe transzendentaler Rechtfertigung der Subjektivität ist schwierig, aber nicht schwieriger als die der transzendentalen Ausweisung des Weltbezugs; und bezüglich einer Phänomenologie der Welt

---

[91] E. Fink, Die phänomenologische Philosophie Edmund Husserls in der gegenwärtigen Kritik, in: ders., Studien zur Phänomenologie, Den Haag: M. Nijhoff 1966, 119.

gab Husserl zwar nicht letzte Auskunft, aber er wies einen Weg, den wir beschreiten können.

Unsere These einer *Theorie* der Intersubjektivität schließt drei Aspekte ein: 1) Darlegung der Elemente, die die Theorie ausmachen, 2) Aufweis ihrer monadologischen Gestaltung und 3) Nachweis ihres einheitlichen Charakters.

Was den Gehalt der Husserlschen Analysen zur Intersubjektivität betrifft, so liegt mit ihnen eine Monadologie vor, die in allen durch die phänomenologische Reduktion zugänglich gewordenen Schichten der transzendentalen Subjektivität ausgelegt wird (1). Was eine solche Monadologie aufdecken würde, wäre eine in den einzelnen Schichten zutage tretende Wechselbeziehung zwischen den Monaden (2). Der einheitliche Charakter von Husserls Analysen zur Intersubjektivität wird dadurch gewährleistet, daß die konsequente Anwendung der transzendentalen Analyse in ihrer zweifachen, komplementären Gestalt von statischer und genetischer Phänomenologie die Exposition aller einzelnen Schichten des Ansatzes ermöglicht, ohne dessen einheitliche Struktur zu gefährden (3). Diese Aussagen sollen im folgenden begründet werden.

1. Die Elemente von Husserls Theorie der Intersubjektivität

Husserls Theorie der Intersubjektivität ist eine Theorie der Schichten, die aufgrund ihrer Zugehörigkeit zum transzendentalen Feld gegliedert sind. Husserl deckt sie in zwei Bereichen auf, dem reflexiven und dem vorreflexiven. Der phänomenologisch enthüllte reflexive transzendentale Bereich befaßt Schichten, die nach dem Grad ihrer Konstitution aufgebaut sind.

a) Wird die statische Analyse auf das Eidos ego angewandt, zeigt sich dem phänomenologischen Blick, daß die Einfühlungserfahrung zu den möglichen wirklichen Erlebnissen des Eidos ego gehört. Ausgehend von meinem eigenen konkreten Sein wird ein Sinnaufbau sichtbar, der in meiner primordialen Welt fundiert ist. Diese stellt sich als eine bestimmte objektive Welt dar, als die eine und selbe für jedermann, mich selbst eingeschlossen. In dieser primordialen Welt tritt als erstes Nicht-Ich das andere Ich auf. Es gehört zur Konstitution des Wesens dieses reinen Anderen, der also noch keinen mundanen Sinngehalt hat, daß er nicht isoliert bleibt, sondern einer monadischen Gemeinschaft angehört, die auf die eine und selbe Welt gerichtet ist. Es handelt sich um eine Intersubjektivität, die sich als monadische Gemeinschaft gegen einen ideal-unendlichen Limes hin weiterkonstituiert und in der sich die Harmonie der Monaden darstellt. Bis hierher sind wir den Ausführungen der V. CM gefolgt.

Von diesem Standpunkt aus können wir – uns an anderen Texten Husserls orientierend – die Untersuchung der Einfühlung erweitern. Die Einfühlung erweist sich dann als eine vergegenwärtigende Leistung, die, wird auf sie die doppelte Reduktion angewandt, ein vergegenwärtigendes und ein vergegenwärtigtes Bewußtsein aufweist. In der Einfühlung ist mein gegenwärtiges Bewußtsein Bewußtsein von einem anderen Ich, das für mich ein solches ist, weil es seinerseits in mir ein alter ego sieht und weil jeder von uns eine ‚Welt' als Welt für jedermann intendiert, die wiederum uns beide und jeden Anderen zur Bedingung ihrer Möglichkeit hat. Ich treffe auf den Anderen als ein konstituiertes Ich, das auf die Welt gerichtet ist, in der ich selbst als ein alter für ihn konstituiert erscheine.

b) Die genetische Analyse, die den weltlichen Anderen zum Gegenstand hat, zeigt die verschiedenen Momente auf, in denen sich die Einfühlungserfahrung organisiert. Am Anfang erscheint in meinem Wahrnehmungsfeld ein Körper, der dem meinen ähnlich ist. Das erste Moment der Erfahrung stellt die assoziative Paarung zweier Leiber dar. Diese Paarungserfahrung befördert ein wechselseitiges Sichwekken, das die Modalität, Paar zu sein, auszeichnet. Darauf gründet sich das zweite Moment der analogisierenden Apperzeption. In dem Maße, in dem das durch seinen Leib sich darstellende Verhalten des Anderen dem meinen analog erscheint, enthüllt sich mir der Körper-dort als ein mit einem darin waltenden Ich ausgestatteter psychischer Körper. Mein Körper erscheint mir unausweichlich ‚hier', aber ich kann ihn mir so vorstellen, ‚als ob er dort wäre', und sogar, als ob er sich in einem zweiten Dort befände, je nach dem Abstand der den Ortsveränderungen meines eigenen Leibes entsprechenden Positionen des Nullpunktes meiner Orientierung. Auf diese Weise erfasse ich den Anderen dort und die auf ihn bezogene räumliche Welt, so wie sie mir selbst erscheinen würde, wenn ich mich dorthin begäbe und mich von dort aus an meine Welt wenden würde. ‚Als ob ich dort wäre‘: So erfasse ich den Anderen als denjenigen, der mich an meinem vorigen Hier als den für ihn Anderen sieht. Diese Erfahrung kann sich de jure unendlich multiplizieren, und wir begreifen auf diese Weise ein monadisches Universum, eine monadische Gemeinschaft, die aus Ich-Polen besteht, die auf eine und dieselbe Welt sich richten.

Eine noch höhere Konstitutionsstufe wird dort erreicht, wo wir uns wechselseitig als konkrete Ich-Menschen mit eigenen Gewohnheiten in kommunikativer Beziehung zu den anderen sozialen Subjekten enthüllen. Diese Schicht betrifft die Urgeschichte des reflexiven Ich: die triebhafte Intentionalität des Urkindes und des Säuglings und den Anfang meiner transzendentalen Geburt.

2. *Die transzendentale Phänomenologie ist eine Monadologie*

Wir erinnern hier mit St. Strasser[92] an die Bedeutung des Schlußsatzes der „Ersten Philosophie“: „So führt die Phänomenologie auf die von Leibniz in genialen aperçu antizipierte Monadologie.“ (Hua VIII, 190) Hierbei liegt der Akzent auf den Wörtern „führt“ und „antizipierte“, deren Bedeutung Strasser herausstellt. Strasser hebt insbesondere hervor, daß Husserl seine Sozialontologie als Monadologie auffaßte. Aufgrund unserer Untersuchungen weiten wir diese Feststellung aus und fügen hinzu: Auf jeder Ebene, auf der die

[92] St. Strasser, Grundgedanken der Sozialontologie Edmund Husserls, a. a. O. 4.

Intersubjektivität enthüllt wird, zeigt sich entsprechend auch eine Monadologie.

„Mein mir selbst apodiktisch gegebenes ego, das einzige in absoluter Apodiktizität von mir als seiend zu setzende, kann a priori nur welterfahrendes ego sein, indem es mit anderen seinesgleichen in Gemeinschaft ist, Glied einer von ihm aus orientiert gegebenen Monadengemeinschaft." (Hua I, 166)

Diese Aussage macht auf das aufmerksam, was Husserl als das metaphysische Resultat der Analyse der Erfahrung des Anderen darstellt, soweit er die „letzten Seinserkenntnisse" als „metaphysisch" bezeichnet (Hua I, 166): Husserl rekurriert also nicht auf metaphysische Abenteuer, sondern auf eine methodisch konsequente transzendentale Enthüllung.
Husserls Beschäftigung mit dem Individuationsprinzip des Einzelbewußtseins wie auch mit der Mannigfaltigkeit von Bewußtsein lenkte früh sein Interesse auf Leibniz' Position. Er fühlte sich der Leibnizschen Entdeckung verwandt, so daß er nicht nur den Begriff ‚Monadologie', sondern auch etliche Gedanken von Leibniz übernahm. Und doch unterscheidet sich seine Auffassung wesentlich von derjenigen Leibniz'. Dessen Monadologie impliziert als Substanzmetaphysik einen nicht in Frage gestellten Ausgangspunkt. Für Husserl ist dies nicht annehmbar. Für ihn kann eine Monadologie nur das Resultat einer methodisch reflektierten Auslegung sein, die für die Letztbegründung einer solchen Monadologie aufzukommen hat. Auch Leibniz' Ansetzung eines Schöpfergottes trennt notwendigerweise beide Konzeptionen voneinander:

Husserl hält jede religiöse Annahme von seinem phänomenologischen Vorgehen fern. In seinem Werk trifft man zwar mitunter auf die Gottesidee, aber der phänomenologische Ausgangspunkt seines Philosophierens ist in keiner Weise mit ihr verknüpft.
Eine gleichwohl bestehende Verwandtschaft zwischen Husserls und Leibniz' Denken zeigt sich in der von Strasser herausgestellten Übereinstimmung einiger grundlegender Aussagen:[93] 1) Einfachheit und Ungeteiltheit sind Eigenschaften der Monade. 2) Die Individualität der Monade wird als Einzigkeit und Einmaligkeit gesetzt; sie gründet in der Monade selbst und wird nicht von außen bestimmt. 3) Das immanente Leben der Monade wird nicht von äußeren Ursachen geweckt und geleitet. 4) Jede Monade ist den anderen gegenüber autark: ‚Die Monaden haben keine Fenster.' 5) Die Monaden beziehen sich auf ein und dasselbe Universum. 6) Der Ausdruck ‚prästabilierte Harmonie' bezieht sich auf eine universelle rationale Gesetzmäßigkeit, der die Monaden entsprechen.
Auch Husserls Gedanke eines psychophysischen Parallelismus läßt sich als ein Echo auf die korrespondierende Auffassung von Leibniz verstehen. Die Divergenzen zwischen beiden Philosophen treten immer dann hervor, wenn wir den phänomenologischen Hintergrund bei Husserl berücksichtigen. So findet bei ihm z. B. die prästabilierte Harmonie ihre letzte Wurzel weder in einem ‚göttlichen Uhrmacher' noch in einem formellen Einklang. Eine solche Überein-

[93] Strasser vergleicht Husserls Monadologie mit der von Leibniz (ebd. 3 ff.).

stimmung ist bei Husserl grundsätzlich konstitutiver Art und gründet in der Setzung der einen und selben Welt für alle Monaden.[94]

Während Leibniz den Grund der Harmonie der Monaden im Schöpfergott lokalisiert, entdeckt Husserl ihn in den von je einem Telos bestimmten Monaden selbst, welches Telos je nach der phänomenologisch analysierten Schicht eine eigene Form besitzt. Nach dem bisher Festgestellten muß das monadologische Gebilde in allen aufgedeckten Schichten auszuweisen sein. Es ist zu zeigen, wie die Aussage ‚Die Monaden haben keine Fenster' durch die gegenteilige und komplementäre Annahme ‚Die Monaden haben Fenster' ergänzt wird. Im folgenden werden wir das monadologische Gebilde auf den Stufen a) der idealistischen, b) der sozialen und c) der vorreflexiven Monadologie betrachten.

a. Idealistische Monadologie

Kern schlug die Bezeichnung „idealistische Monadologie" für diejenigen Analysen vor, die Husserl vor allem in einem um 1925 verfaßten Text durchgeführt hatte. Dort erklärt er, daß ein aufzuklärender Zusam-

94 „Die absolute Wirklichkeit ist also nicht ein Haufen bloss aufeinander abgestimmter Monaden (wie Uhren, die ein Uhrmacher gemacht und in einen gleichen Gang gebracht hat), sondern ein einziger Zusammenhang, ein Ganzes von Monaden, deren jede in originärer (perzeptiver) Weise nur ihr eigenes Leben lebt, aber jede in passiv kausaler und aktiv tätiger Verbundenheit mit jeder anderen, eine Einheit des Ineinanderwirkens und -gewirktwerdens, wodurch in allen als an sich Erstes ein gemeinsames Erzeugnis als Natur da ist [...]" (Hua XIV, 270 f.)

menhang vorliege, wenn die phänomenologische Reduktion auf meinen Glauben an die Existenz des fremden Leibes angewandt wird, dessen Apperzeption den Glauben an die fremde Subjektivität und an den ‚fremden Menschen' motiviert. Dieser Zusammenhang zeigt sich dem Phänomenologen in ursprünglicher Selbsterfahrung. In der inneren Wahrnehmung, in der mir alle meine Erlebnisse gegeben sind, stoße ich auch auf meine Einfühlungen. Damit ist mir meine Monade ursprünglich gegeben, und gegeben sind mir auch die anderen Monaden, die durch die gleichen wesentlichen Eigenschaften charakterisiert sind und ursprünglich nur für sich selbst hervortreten, mir aber in Vergegenwärtigungen gegeben sein können.[95]

Die monadische Gemeinschaft besteht also darin, daß jede Monade mit sich selbst und „mit jeder anderen in Gemeinschaft steht, sofern sie nicht nur für sich ist, sondern jede andere Monade für sie ist, und für die ist als eine Monade, für die sie selbst und jede andere Monade für sie ist" (Hua XIV, 359).

Jede Monade ist für sich selbst transzendent, weil sie sich selbst als horizonthaft, als mit einem Horizont eigener Vergangenheit und Zukunft, wahrnimmt. Sofern ihre Horizonte nie ganz verwirklicht werden

[95] „In der zu enthüllenden Selbstapperzeption liegen beschlossen zu enthüllende Fremdapperzeptionen. Die Enthüllungen als solche gehören zu mir selbst, zu meiner Monade, sie gehören in den apperzeptiven Horizont der Selbstapperzeption. Ebenso aber die Enthüllungen der Selbstapperzeption und jede Selbstapperzeption selbst gehören mit in den Horizont jeder andern Selbstapperzeption und gehören somit in meine Monade selbst, in mein Selbst." (Hua XIV, 358)

können, ist sie selbst unvollkommen verwirklicht, und trotzdem ist sie in der Mannigfaltigkeit fließender Verwirklichungen als Einheit verwirklicht. Aus diesen Verwirklichungen resultiert die Bestimmung der Monade als transzendent. Ihre Unvollkommenheit entspringt aus den Beschränkungen der Selbsterinnerung und der Selbstvorerwartung. Offensichtlich führt Husserl hier den Sinn von immanenter Transzendenz ein, die weder das Ding noch den Anderen als ‚wirkliche Transzendenzen' meint (Hua XIV, 441 f.). Mit diesem Hinweis will Husserl in diesem Kontext zeigen, daß der Andere uns aufgrund seiner Transzendenz nicht so fremd ist, da diese Transzendenz dem ego selbst eigen ist. Diese Überlegungen führen zu einem grundlegenden Befund, der zwei wichtige Punkte umfaßt:

„Diese Grundbeziehung des Seins im Füreinander-sein ist evident als Beziehung des Koexistierens in einer intersubjektiven Zeit. Das ist hier nicht objektive, sondern immanent-intersubjektive Zeit des Koexistierens nach allen subjektiven Zeitmodis [...] Diese Grundbeziehung ist das Fundament für die intersubjektiven sonstigen Beziehungen, für eine intersubjektive und rein geistige *Kausalität*, für Suggestion, für passive Nachahmung, passives Bestimmtsein durch den Anderen, schon ichmässig für passives Affiziertsein durch Andere, aber auch für aktive personale Kausalitäten, für jede Art Ich-Du-Akte, Wir-Akte, für soziale Akte jeder Art." (Hua XIV, 360)

Damit gelangt Husserl zum Thema der wechselseitig aktiven Kausalitäten, zu den Fenstern der spezifisch monadischen Kausalität und zur immanenten Zeit des monadischen Mitdaseins.

Als erstes ist durch Anwendung der egologischen Reduktion die Berechtigung der Setzung des Anderen nachzuweisen. Die nachfolgende Analyse nähert sich der doppelten Reduktion, das heißt, sie basiert auf der Gültigkeit der vergegenwärtigenden Erfahrung als Weise, sich die Erfahrung des Anderen zu geben. Der Andere gibt sich mir, wie wir sahen, nicht originaliter, sondern in einer vergegenwärtigenden Apperzeption: „[...] was zur Verwirklichung kommt, ist das im einstimmig passenden Fortgang der Vergegenwärtigung sich bestätigende und sich inhaltlich erfüllende *Vergegenwärtigte als solches*.“ (Hua XIV, 362) Nur dadurch erreicht man das fremde Subjekt, daß es mir durch seine vergegenwärtigte Gegenwart und durch seine vergegenwärtigte Vergangenheit in mir selbst entgegentritt.

„Das Urphänomen ist hier Vergegenwärtigung überhaupt und die ihr eigenwesentliche intentionale Doppelschichtigkeit in der Intentionalität mit der *Modalisierbarkeit* des aktuellen Glaubens und <des> ‚seiend‘, während die Intentionalität in der Vergegenwärtigung, die vergegenwärtigte, identisch verbleibt.“ (Hua XIV, 364)

Bevor Husserl diesen Text beschließt, bringt er zwei wichtige Themen zur Sprache. Zunächst erinnert er daran, daß es sich hier nicht um bloße Einbildung handelt, da die Vergegenwärtigung durch die Anzeige des für mich daseienden Leibes motiviert ist. Der Andere wird nur ‚in‘ der Vergegenwärtigung wirklich. Dadurch entsteht der Glaube „an ein vergegenwärtigt Gegebenes [...] und durch original Gegebenes ‚original Indiziertes‘“, d. h., daß es nicht ein willkürlich

Indiziertes ist, „sondern eben Indiziertsein in einer originaliter motivierten Anzeige" (Hua XIV, 364 f.). Zweitens verdeutlicht Husserl, in welchem Sinn er von einer Kausalität zwischen den Monaden spricht. Freilich hält er die Behauptung aufrecht, daß „von ‚aussen', von anderen Monaden nichts hineindringen kann". Es handelt sich hier nicht um „ein Hineinwerfen von etwas in einen Topf" (ebd.). Der Einfluß der anderen Monade – z. B. durch mitgeteilte neue Gedanken – motiviert mich nur durch meine eigene Erfahrung, die sich in meinen subjektiven Zusammenhang einfügt. Nur auf diese Weise kann ich vom Anderen bestimmt werden. Der Andere hat nur in dem Maße Einfluß auf mich, wie sein Glaube, sein Befehl und sein Wunsch zu meinem eigenen Erlebnis werden. Entbehre ich der Motive, die diese Erlebnisse nachvollziehbar machen, vermag der Andere nicht nachhaltig auf mich einzuwirken. Was in mir geschieht, geschieht aufgrund meines eigenen Seins. *„Was ist dieses eigene Sein? Das Sein aus originaler Selbsterfahrung*, als Selbst, als Ich konstituiert." (Ebd.) Dabei entsteht also kein Paradox: Jede Monade ist nach Maßgabe ihrer Erlebnisse in sich geschlossen, und zugleich weiß sie sich doch in ‚kausaler' Beziehung mit den anderen Monaden.

b. Soziale Monadologie

Schon relativ früh (1910) finden sich in Husserls Schriften erste Bezüge auf das, was wir ‚soziale Monadologie' nennen. Zu dieser Zeit behandelt Husserl eine Einstellung, die er „egologisch" oder „personalistisch“ nennt und in deren Rahmen er die geistige Welt als Korrelat des Bewußtseins betrachtet, wo ‚meine‘ Welt zu unserer Welt wird. Es handelt sich dabei um eine alle Tatsachen umfassende Welt, „die ich, das beschreibend, anschaulich finde und die ich gemeinsam mit den beschriebenen Menschen etc. als unsere gemeinsame Umwelt habe und die wir alle vorfinden als anschauliche und weiter erschaubare“ (Hua XIII, 92).

Zwischen den geistigen Subjekten werden Beziehungen durch kommunikative Akte hergestellt, durch die „jeder ‚Geist‘ sich als Glied einer ‚geistigen‘ Welt weiß und zugleich sich als Subjekt weiß einer ihm gegenüberstehenden Dingwelt“ (ebd.). Husserl vermeidet in diesem Zusammenhang den Begriff ‚Kausalität‘ und spricht stattdessen von „Motivation“. Das Ich läßt sich von dem Anderen nicht bestimmen, vielmehr wird ein ‚ich denke‘ durch ein anderes ‚ich denke‘ motiviert, d. h. in letzter Instanz durch das vom Ich auf diese oder jene Weise Vorgestellte. Nach dieser Auffassung kann die geschichtliche Welt menschlicher Gemeinschaft nur durch das Nachverstehen der inneren Motivationen des Bewußtseins der Individuen beschrieben werden.

In den beiden Textteilen „Gemeingeist“ (1921/1922; Hua XIV, 165 ff., 192 ff.) öffnen sich die Fenster der Monaden durch die oben genannten kommunikativen Akte, die Vorstellungen, Überzeugungen, Bewertungen, Entschlüsse umfassen. Hier stellt Husserl wiederum die schon erwähnte doppelte (und wohl paradoxe) Behauptung auf: Obgleich mein Gedanke, mein Entschluß in mir ihren Ursprung haben, erkenne ich,

daß sie aus meiner Erfahrung des Anderen herrühren. Umgekehrt kann der Andere mich als Quelle seiner Überzeugungen und Vorstellungen anerkennen.
In Beilage XXVII (1922) von Hua XIV stellt Husserl den gemeinschaftlichen Konnex als eine Beziehung der individuell und gemeinschaftlich erlebten Zeit dar:

„Für jedes ist ein Fernhorizont: die offen unbestimmte Vielheit Anderer ausser denen, die ich wirklich einverstehend umgreife, und ihr Bewusstsein; das unbestimmte, noch unumspannte Bewusstsein der Anderen über das hinaus, was ich davon wirklich einverstehend weiss, das sich verbindend wieder mit dem Bewusstsein Anderer etc., lauter Horizonte, in die man mehr oder minder eindringen kann. Gemeinschaft eines von einem jeden *ego* aus orientiert und mit unbestimmtem Horizont sich anschaulich gebenden und von jedem weiter zu ‚konstruierenden' Lebens (Eindringen im fortschreitenden Wechselverkehr, durch Verwertung der Tradititon etc., aber unvollkommen)." (Hua XIV, 218 f.)

Diese Überlegungen erlauben es, zusammenfassend festzustellen, daß die monadische Gemeinschaft auch in der obersten Schicht, also in derjenigen der Konstitution der ‚Sozialontologie', einen Ort besitzt. Sie gründet sich hier auf wechselseitige Handlungen und die gegenseitige Anerkennung von Subjekten der kulturellen Welt. Außerdem zeigt sich eine Auflösung des genannten Paradoxons, indem das seine Handlungen selbst bestimmende soziale Ich von dem durch die Anderen vermittels sozialer und kommunikativer Akte bestimmten Ich abgehoben wird.

c. Vorreflexive Monadologie

Husserl hinterließ keine zusammenhängende Darstellung dieser letztbegründenden monadologischen Ebene. Allerdings liegen einige Gedankenfragmente vor, in denen wir nach Landgrebe[96] Hinweise auf die letzte Schicht, das „absolute Faktum", finden können. Ein Zusammenhang der drei Themen: absolutes Faktum, Geschichte und Monadologie, wird in einem Text von 1921 (Hua VIII, 506), der bezeichnenderweise mit „Monadologie" überschrieben ist, gedacht. Es heißt dort:

„Danach sind *allein die ego's* in ihrer kommunikativen Aufeinanderbezogenheit *absolut* seiend [...] Absolut betrachtet, hat jedes ego seine *Geschichte* [...] Und jede kommunikative Gemeinschaft von Absoluten Ich [...] hat ihre ‚*passive*' und ‚*aktive*' *Geschichte* und ist nur in dieser Geschichte. *Die Geschichte ist das Faktum des absoluten Seins*; und die letzten Fragen, die letztmetaphysischen und -teleologischen, sind eins mit den <Fragen> nach dem absoluten Sinn der Geschichte." (Ebd.)

Die in dieser Textpassage enthaltene Aussage haben wir bereits expliziert. Es soll hier noch darauf hingewiesen werden, daß die letztbegründbare monadologische Schicht, die als ein Faktum auftritt und über die hinaus die Anwendung der phänomenologischen Reduktion sinnlos wird, diejenige ist, die aus der anonym produzierten Sedimentierung der Erfahrung entsteht. Sie offenbart ihren historischen Charakter

[96] L. Landgrebe, Meditation über Husserls Wort [...], a. a. O., und ders., Die Phänomenologie als transzendentale Theorie [...], a. a. O.

und ‚meine transzendentale Geburt' als einen idealen Limes. Auch in dieser Schicht wird ein wechselseitiger intermonadischer Zusammenhang sichtbar, sofern die Fenster der Monaden durch deren ‚Urstreben' bezeichnet sind. Geschlechtstrieb und Mutter-Kind-Beziehung bilden diese instinktive Urintentionalität der Vergemeinschaftung. Wenn die Struktur dieser Ur-einigung in der Doppelheit, die die Möglichkeit der Analogie von Mitgegenwart und Selbstgegenwart fundiert, die Geschichte ist, zeigt sich wieder die intersubjektive Zeitigung als Bezugsrahmen des ichlichen und des vorichlichen Strömens.
Im Ergebnis unserer Untersuchungen, das sich in der Aussage: ‚die transzendentale Phänomenologie ist eine Monadologie' zusammenfassen läßt, liegt auch die Antwort auf den vermuteten phänomenologischen Solipsismus. Sie erlaubt zu verstehen, warum Husserl wiederholt erklärt, daß *sein* Solipsismus ein methodischer Schritt sei, der auf einem untergeordneten Niveau angesiedelt und als solcher in seiner Anwendung methodisch begrenzt ist:

„Wir dürfen uns durch solche Bedenken als anfangende Philosophen nicht schrecken lassen. Vielleicht, daß die Reduktion auf das transzendentale ego nur den Schein einer bleibend solipsistischen Wissenschaft mit sich führt, während ihre konsequente Durchführung gemäß ihrem eigenen Sinne zu einer Phänomenologie der transzendentalen Intersubjektivität überleitet, und mittelst ihrer sich entfaltend zu einer Transzendentalphilosophie überhaupt." (Hua I, 69)

3. *Der einheitliche Charakter von Husserls Theorie der Intersubjektivität*

Vom methodischen Gesichtspunkt aus betrachtet könnte ein erster die Einheit von Husserls Analysen zur Intersubjektivität in Frage stellender Einwand die Differenz zwischen statischer und genetischer Analyse hervorheben. Wir zeigten jedoch, daß sich beide Vorgehensweisen komplementär zueinander verhalten. Die Frage nach einer theoretischen Einheit in Husserls Studien zur Intersubjektivität läßt sich allgemeiner so formulieren, ob denn ein Bruch in Husserls transzendentaler Auffassung vorliege. Wir finden bei Husserl jedoch keinen Hinweis auf eine Änderung seines Standpunktes, die mit seinem ursprünglichen Ziel unverträglich wäre. Im Lauf der Zeit hatte sich das Problembewußtsein bezüglich der transzendentalen Phänomenologie von innen her bereichert. Dabei zeigen sich keine Unverträglichkeiten zwischen den statischen und den genetischen Analysen, vielmehr werden die Vorteile ihrer komplementären Anwendung sichtbar. Wenn Husserl drei verschiedene Wege[97] zur Realisierung der phänomenologischen Reduktion – den cartesianischen, den der intentionalen Psychologie und den der Ontologie als Theorie der Lebenswelt – beschreitet, dann heißt dies nicht, daß zwischen diesen irgendwelche Inkompatibilitäten bestehen; sie

---

97 Vgl. I. Kern, Die drei Wege zur transzendental-phänomenologischen Reduktion in der Philosophie Edmund Husserls, in: Tijdschrift voor Filosofie 24 (1962); L. Landgrebe, Husserls Abschied vom Cartesianismus, in: Der Weg der Phänomenologie, Gütersloh 1963, 163–206.

unterscheiden sich voneinander lediglich durch ihre jeweiligen Vorzüge.

Die These der Kontinuität und Einheit von Husserls Denken wird durch Aguirres Nachweis gestützt, daß Husserl schon in den §§ 40 und 52 der „Ideen I“ den Gegensatz zweier Bedeutungen von ‚Konkretion‘ aufhob: einerseits der Welt der Dinge, so wie sie im täglichen Leben gegeben ist, und andererseits der durch die geometrisch-physikalische Methode konstituierten Welt. (Diese Aufhebung kulminiert in der „Krisis“-Schrift, indem Husserl dort die Lebenswelt als das „vergessene Sinnfundament“ zum Thema macht [Hua VI, 48] und transzendentalphänomenologisch aufklärt.) Dies bedeutet, daß Husserl schon in den „Ideen I“ seine Auffassung von Lebenswelt konzipiert: „Die Konkretion der vorwissenschaftlichen Welt weitet sich nun zur universalen Konkretion.“[98]

Es spricht ebenfalls gegen die Annahme eines Bruches im Denken Husserls, wenn Aguirre in demselben Text zeigt, daß das urfungierende Leben immer schon, „ohne es zu wissen“ (Hua VIII, 180), transzendental fungiert. Die Reflexion macht die anonym fungierende Weltkonstitution thematisch, obgleich der Reflexion die Gegenwart des Vollzugs dieser Konstitution unzugänglich bleibt.[99] Folglich verliert die vorichliche Ebene in der Auslegung der Intersubjektivität nicht ihren einheitsstiftenden transzendentalen Charakter.

[98] A. Aguirre, Die Phänomenologie Husserls [...], a. a. O. 95.
[99] Ebd. 8 f.

Das nun folgende Argument faßt die Hinweise der V. CM in den Blick, die die Analyse in noch tiefere Schichten treiben wollen. Aus ihnen ergibt sich, daß Husserl die nachfolgenden Bereiche der Problementfaltung in gewissem Umfang vor Augen hatte. Wenn in diesem Text die „lebendige Gegenwart" (Hua I, 141 f.) angesprochen wird, ist damit ein Auslegungsbereich angedeutet, der den Zusammenhang zwischen der ichlichen Struktur und der sie fundierenden Unterschicht des ichlosen Strömens (Hua XV, 598) herstellt: „[...] als Bedingung einer egologischen Ordnung weist das Strömen auf einen von dem primordialen System der Triebe gestalteten ‚präegologischen Hintergrund' zurück."[100] Im gleichen Sinn verstehen wir Husserls Andeutung: „Es handelt sich *hier* nicht um die Enthüllung einer zeitlich verlaufenden Genesis, sondern um eine statische Analyse." (Hua I, 136; Hervorhebung von mir) Husserl gibt damit zu verstehen, daß die Analyse der zeitlichen Genesis mit dem Gedankengang der V. CM vereinbar ist und daß die V. CM nur nicht der passende Ort für die Durchführung einer solchen Analyse ist. Die Einheit der als Monadologie aufgefaßten Intersubjektivität zu konkretisieren, erlauben die intermonadischen Wechselbeziehungen, die mit jeweils eigenen Eigenschaften in allen Schichten, deren Zugehörigkeit zum Transzendentalbereich aufgewiesen wurde, auftreten.
Wir kommen somit zu dem Ergebnis, daß die Einheit, die Husserls Analysen zur Intersubjektivität auszeichnet, auf der Zugehörigkeit aller explizierten Schichten

---

[100] R. Walton, Génesis y anticipación [...], a. a. O. 52.

zum transzendentalen Bereich beruht. Aus einem anderen Blickwinkel betrachtet zeigt sich dieser Bereich als intersubjektive Zeit, auf deren Untergrund Ich und Wir sich wechselseitig durchdringen: „Ich trage den Anderen in mir“, lautet Husserls universale Behauptung. Die Phänomenologie der oberen Schichten analysiert lediglich auf höheren Konstitutionsstufen, was auf den sie fundierenden Stufen schon herausgestellt wurde. Die Enthüllung dieser letzten grundlegenden Ebene vervollständigt die Ausführungen der V. CM, welche, betrachtet man sie isoliert für sich, als unzureichend erachtet werden können. Hier, im letztfundierenden Bereich, wurde die Ureinigung in der Doppelheit freigelegt, auf der die Analogie von Mitgegenwart und Selbstgegenwart beruht.

Nach unserer Einschätzung besteht die große Wende in Husserls Denken nicht in seiner Enthüllung lebensweltlicher Strukturen, welche nur die Folge der konsequenten Durchführung der genetischen Phänomenologie ist, sondern in der Aufklärung der Intersubjektivität: Die Anwendung der phänomenologischen Methodik ermöglichte die Lokalisierung der Intersubjektivität im transzendentalen Bereich. Obwohl Husserl selbst unzählige Anläufe zur Klärung ihrer Problematik unternahm, hat er uns mit seinen Analysen doch einen Textbestand hinterlassen, dem nach allem, was wir aufgewiesen haben, mit Fug und Recht der Status einer *Theorie* im Sinne eines einheitlichen Ganzen zugesprochen werden kann. Damit aber hat er eine solide Grundlage hinterlassen, auf der weitere Reflexionen aufbauen können.

Literaturverzeichnis

1. Zitierte Werke Husserls

Edmund Husserl, Gesammelte Werke (Husserliana, Den Haag: Martinus Nijhoff bzw. Kluwer Academic Publishers 1950 ff.):

Band I: Cartesianische Meditationen und Pariser Vorträge, hrsg. von St. Strasser, 1950. (CM).

Band III,1: Ideen zu einer reinen Phänomenologie und phänomenologischen Philosophie. Erstes Buch. Allgemeine Einführung in die reine Phänomenologie, neu hrsg. von K. Schuhmann, 1976. (Ideen I).

Band IV: Ideen zu einer reinen Phänomenologie und phänomenologischen Philosophie. Zweites Buch. Phänomenologische Untersuchungen zur Konstitution, hrsg. von M. Biemel, 1952. (Ideen II).

Band V: Ideen zu einer reinen Phänomenologie und phänomenologischen Philosophie. Drittes Buch. Die Phänomenologie und die Fundamente der Wissenschaften, hrsg. von M. Biemel, 1952. (Ideen III).

Band VI: Die Krisis der europäischen Wissenschaften und die transzendentale Phänomenologie. Eine Einleitung in die phänomenologische Philosophie, hrsg. von W. Biemel, 1954. (Krisis).

Band VIII: Erste Philosophie (1923/1924). Zweiter Teil. Theorie der phänomenologischen Reduktion, hrsg. von R. Boehm, 1959.

Band XIII: Zur Phänomenologie der Intersubjektivität. Erster Teil: 1905–1920, hrsg. von I. Kern, 1973.

Band XIV: Zur Phänomenologie der Intersubjektivität. Zweiter Teil: 1921–1928, hrsg. von I. Kern, 1973.
Band XV: Zur Phänomenologie der Intersubjektivität. Dritter Teil: 1929–1935, hrsg. von I. Kern, 1973.
Band XVII: Formale und transzendentale Logik. Versuch einer Kritik der logischen Vernunft, hrsg. von P. Janssen, 1974.

2. *Sekundärliteratur*

Aguirre, A.: Die Phänomenologie Husserls im Licht ihrer gegenwärtigen Interpretation und Kritik, Darmstadt 1982.
Allen, J. M.: Husserl and Intersubjectivity: A Phenomenological Investigation of the Analogical Structure of Intersubjectivity. A Dissertation presented to the Graduate School of Duquesne University, Ann Arbor: University Microfilm A Xerox Co. 1973.
–: Teleology and Intersubjectivity, in: Analecta Husserliana 9 (1979) 213–219.
Ales Bello, A.: Empathy. A Return to Reason, in: Analecta Husserliana 6 (1977) 143–149.
–: Seele und Leib in der kategorialen und in der originären Perspektive, in: Analecta Husserliana 16 (1983) 37–48.
Andrew, W. K.: The Givenness of Self and Others in Husserl's Transcendental Phenomenology, in: Journal of Phenomenological Psychology 13 (1982) 85–100.
Barral, M. R.: Teleology and Intersubjectivity in Husserl. Reflections, in: Analecta Husserliana 9 (1979) 221–233.
Boehm, R.: Zur Phänomenologie der Gemeinschaft. Edmund Husserls Grundgedanken, in: Phänomenologie, Rechtsphilosophie, Jurisprudenz. Festschrift für Gerhart Husserl, hrsg. von Th. Würtenberger, Frankfurt a. M. 1969, 1–26.
Bosio, F.: Costituzione statica e costituzione genetica, in: Tempo e intentionalità, Padua: Casa Editrice A. Milandi 1960.

Brand, G.: Edmund Husserl – Zur Phänomenologie der Intersubjektivität, in: Phänomenologische Forschungen 6/7 (1978) 28–117.

Brauner, H.: Die Phänomenologie E. Husserls und ihre Bedeutung für soziologische Theorien, Meisenheim am Glan 1978.

Costantini, E.: Einfühlung und Intersubjektivität bei E. Stein und E. Husserl, in: Analecta Husserliana 11 (1981) 335–339.

Cristin, R.: Phänomenologie und Monadologie. Husserl und Leibniz, in: Studia Leibnitiana 22 (1990) 163–174.

Diemer, A.: Die große Umorientierung, in: Wertwandel und gesellschaftlicher Wandel, hrsg. von H. Klages und P. Kmieciak, Frankfurt a. M./New York 1979, 573 bis 596.

Elliston, F. A.: Husserl's Phenomenology of Empathy, in: Husserl. Expositions and Appraisals, hrsg. von F. Elliston und P. McCormick, Notre Dame/London: University of Notre Dame Press 1977, 213–231.

Fink, E.: Die phänomenologische Philosophie Edmund Husserls in der gegenwärtigen Kritik, in: Kantstudien 38 (1933), und in: E. Fink: Studien zur Phänomenologie 1930–1939, Den Haag: M. Nijhoff 1966, 79–156.

Frings, M. S.: Husserl und Scheler. Two Views on Intersubjectivity, in: Journal of the British Society for Phenomenology 9 (1978) 143–149.

Harlan, R. M.: Must the Other Be Derived From the I. Towards the Reformulation of Husserl's 5th Cartesian Meditation, in: Husserl Studies 1 (1984) 79–104.

Heinrichs, J. SJ: Sinn und Intersubjektivität, in: Theologie und Philosophie 45 (1970) 161–191.

Held, K.: Lebendige Gegenwart. Die Frage nach der Seinsweise des transzendentalen Ich bei Edmund Husserl, entwickelt am Leitfaden der Zeitproblematik, Den Haag: M. Nijhoff 1966.

–: Das Problem der Intersubjektivität und die Idee einer phänomenologischen Transzendentalphilosophie, in: Perspektiven transzendentalphänomenologischer For-

schung, hrsg. von U. Claesges und K. Held, Den Haag: M. Nijhoff 1972, 3–60.
–: Die Phänomenologie der Zeit nach Husserl, in: Perspektiven der Philosophie 7 (1981) 185–222.
Hoffmann, G.: Zur Phänomenologie der Intersubjektivität, in: Zeitschrift für philosophische Forschung 29 (1975) 138–149.
Hutcheson, P.: Husserl's Problem of Intersubjectivity, in: Journal of the British Society for Phenomenology 11 (1980) 144–162.
–: Husserl's Fifth Meditation, in: Man and World 15 (1982) 265–284.
Iribarne, J. V.: La libertad en Kant, Buenos Aires: Ed. Carlos Lohlé 1981.
–: E. Husserl: Hacia una metafísica de la subjectividad, in: Filosofía, subjetividad y existencia, Buenos Aires: Plus Ultra 1983.
–: La fenomenología de Husserl como monadología, in: Escritos de Filosofía 15/16 (1985) 71–82.
–: Interpretación ética de la „interpretación" fenomenológica, in: Cusdernos de Etica Nr. 8 (Dezember 1990) 33–45.
Janssen, P.: Edmund Husserl. Einführung in seine Phänomenologie, Freiburg/München 1976.
Kern, I.: Die drei Wege zur transzendental-phänomenologischen Reduktion in der Philosophie Edmund Husserls, in: Tijdschrift voor Filosofie 24 (1962) 303–349.
–: Husserl und Kant. Eine Untersuchung über Husserls Verhältnis zu Kant und zum Neukantianismus, Den Haag: M. Nijhoff 1964.
Kojima, H.: The Potential Plurality of the Transcendental Ego of Husserl and Its Relevance to the Theory of Space, in: Analecta Husserliana 8 (1978) 55–61.
Kozlowski, R.: Die Aporien der Intersubjektivität, Würzburg 1991.
Lachièze-Rey, P.: L'idéalisme kantien, 2. Aufl. Paris: Vrin 1950.
Landgrebe, L.: Der Weg der Phänomenologie, Gütersloh 1963.

–: Ist Husserls Phänomenologie eine Transzendentalphilosophie?, in: Husserl, hrsg. von H. Noack, Darmstadt 1973, 316–324.
–: Die Phänomenologie als transzendentale Theorie der Geschichte, in: Phänomenologische Forschungen 3 (1976) 17–45.
–: Faktizität und Individuation. Studien zu den Grundfragen der Phänomenologie, Hamburg 1982.
Lauer, Q.: Phenomenology: Its Genesis and Prospect, New York: Harper Torchbooks 1958.
Marbach, E.: Das Problem des Ich in der Phänomenologie E. Husserls, Den Haag: M. Nijhoff 1974.
Meist, K. R.: Monadologische Intersubjektivität. Zum Konstitutionsproblem von Welt und Geschichte bei Husserl, in: Zeitschrift für philosophische Forschung 34 (1980) 561–589.
Merleau-Ponty, M.: Phänomenologie der Wahrnehmung [1945], aus dem Französischen übersetzt und eingeführt durch eine Vorrede von R. Boehm, Berlin 1966.
–: Le philosophe et son ombre, in: Husserl 1859–1959, Den Haag: M. Nijhoff 1959, 195–220.
–: Signes, Paris: Gallimard 1960.
Nitta, Y.: Husserl's Manuscript „A Nocturnal Conversation". His Phenomenology of Intersubjectivity, in: Analecta Husserliana 8 (1978) 21–36.
–: The Singularity and Plurality of the Viewpoint in Husserl's Transcendental Phenomenology, in: Analecta Husserliana 16 (1983) 13–17.
Orth, E. W.: Anthropologie und Intersubjektivität. Zur Frage von Transzendentalität oder Phänomenalität der Kommunikation, in: Phänomenologische Forschungen 4 (1977) 103–129.
Presas, M.: En torno a las Meditaciones Cartesianas de Husserl, in: Revista Latinoamericana de Filosofía 4 (1978) 269–280.
–: Acerca del programa de la fenomenología, in: Revista Latinoamericana de Filosofía 10 (1984) 255–267.

Ricœur, P.: Analyses et problèmes dans „Ideen II“ de Husserl, in: Revue de Métaphysique et de Morale 56 (1951) 357–394 und 57 (1952) 1–16.
–: Husserl. An Analysis of His Phenomenology, Evanston: Northwestern University Press 1967.
–: Phénoménologie et herméneutique, in: Phänomenologische Forschungen 1 (1975) 31–75.
Rodríguez Piñeiro, H.: La intersubjectividad absoluta en Husserl y el ideal de una sociedad racional, in: Analecta Husserliana 15 (1983) 527–537.
Römpp, G.: Husserls Phänomenologie der Intersubjektivität und ihre Bedeutung für eine Theorie intersubjektiver Objektivität und die Konzeption einer phänomenologischen Philosophie, Dordrecht/Boston/London: Kluwer Academic Publishers 1992.
Sallis, J.: On the Limitation of Transcendental Reflection or is Intersubjectivity Transcendental?, in: The Monist 55 (1971) 312–333.
Sartre, J.-P.: L'etre et le néant, Paris: Gallimard 1943.
Schütz, A.: Der sinnhafte Aufbau der sozialen Welt, Wien: Springer 1932.
–: Das Problem der transzendentalen Intersubjektivität bei Husserl, in: Philosophische Rundschau 5 (1957) 81 bis 107.
–: Collected Papers. I: The Problem of Social Reality. II: Studies in Social Theory. III: Studies in Phenomenological Philosophy, Den Haag: M. Nijhoff 1962, 1964, 1966.
Schütz, A. und Gurwitsch, A.: Briefwechsel 1939–1959, hrsg. von R. Grathoff, München 1985.
Schuhmann, K.: Die Fundamentalbetrachtung der Phänomenologie, Den Haag: M. Nijhoff 1971.
–: Die Dialektik der Phänomenologie. I: Husserl über Pfänder. II: Reine Phänomenologie und phänomenologische Philosophie, Den Haag: M. Nijhoff 1973.
–: Husserls Staatsphilosophie, Freiburg/München 1988.
Sinn, D.: Die transzendentale Intersubjektivität mit ihren Seinshorizonten bei E. Husserl, Diss. Heidelberg 1958.
Spitz, R.: Vom Säugling zum Kleinkind, Stuttgart 1967.

Strasser, St.: Das Gottesproblem in der Spätphilosophie Edmund Husserls, in: Philosophisches Jahrbuch der Görres-Gesellschaft 67 (1959) 130–142.
–: Grundgedanken der Sozialontologie Edmund Husserls, in: Zeitschrift für philosophische Forschung 29 (1975) 3–33.
Ströker, E. und Janssen, P.: Phänomenologische Philosophie, Freiburg/München 1989.
Theunissen, M.: Der Andere. Studien zur Sozialontologie der Gegenwart, 2. Aufl. Berlin 1981.
Toulemont, R.: L'essence de la société selon Husserl, Paris: PUF 1962.
Tymieniecka, A. T.: The Creative Self and the Other in Man's Self-Interpretation, in: Analecta Husserliana 6 (1977) 151–186.
Uygur, N.: Die Phänomenologie Husserls und die „Gemeinschaft", in: Kant-Studien 50 (1958/1959) 439–460.
Waldenfels, B.: Das Zwischenreich des Dialogs. Sozialphilosophische Untersuchungen im Anschluß an Edmund Husserl, Den Haag: M. Nijhoff 1971.
Walton, R.: Génesis y anticipación en el horizonte temporal, in: Escritos de filosofía 4 (1981) 35–53.
Warnke, C.: Wissenschaft – Lebenswelt – Transzendentale Intersubjektivität. Zur gesellschaftlichen Bestimmtheit von Husserls Spätphilosophie, in: Deutsche Zeitschrift für Philosophie 30 (1982) 77–88.
Yamaguchi, I.: Passive Synthesis und Intersubjektivität bei Edmund Husserl, Den Haag: M. Nijhoff 1982.
Zeltner, H.: Das Ich und die Anderen. Husserls Beitrag zur Grundlegung der Sozialphilosophie, in: Zeitschrift für philosophische Forschung 13 (1959) 288–315.

Personenregister

Sachregister

Orbis Phaenomenologicus

Herausgegeben von
Kah Kyung Cho (Buffalo), Yoshihiro Nitta (Tokyo)
und Hans Rainer Sepp (Freiburg i. Br.)

Die Reihe *Orbis Phaenomenologicus* will die Erträge der Phänomenologie dokumentieren und ihre Positionen im Kontext anderer philosophischer sowie wissenschaftlicher Bestrebungen bestimmen; sie will an den Rändern der Phänomenologie deren Aporien verhandeln und weiterführende Perspektiven aufzeigen. Sie erblickt so ihr Ziel in einer *Bestandsaufnahme* der Phänomenologie, die Ausdruck des weltweiten phänomenologischen *work in progress* ist und einer phänomenologischen Sachforschung vorarbeitet.

Die internationale Zusammensetzung von Herausgeberschaft, Editionsgremium und Beirat entspricht der Tatsache, daß die phänomenologische Forschung in den vergangenen Jahrzehnten vor allem in Europa, den USA und in Fernost vorangetrieben wurde und in den mittel- und osteuropäischen Ländern, aber auch in Lateinamerika immer mehr an Bedeutung gewinnt. Zudem vollzieht sich gerade im Medium der Phänomenologie ein fruchtbarer Dialog zwischen östlichem und westlichem Denken.

Die Reihe gliedert sich in fünf Abteilungen: I. Die Beiträge der Phänomenologie zu philosophischen und wissenschaftlichen Disziplinen – II. Die Phänomenologie in ihrer Stellung zu Geschichte und Gegenwart philosophischer Strömungen – III. Phänomenologische Sachthemen (wie Wahrheit, Realität, Sprache) – IV. Personen und Regionen (einzelne Autoren und Länder) – V. Orbis Phaenomenologicus Texte (Primärwerke und Übersetzungen).

Sonderprospekt auf Anforderung.